Bibliografische Information der Deutschen Nationalbibliothek:

Die Deutsche Bibliothek verzeichnet diese Publikation in der Deutschen National-
bibliografie; detaillierte bibliografische Daten sind im Internet über http://dnb.d-
nb.de/ abrufbar.

Impressum:

Copyright © 2016 GRIN Verlag, Open Publishing GmbH
Druck und Bindung: Books on Demand GmbH, Norderstedt Germany
ISBN: 9783668385665

Dieses Buch bei GRIN:

http://www.grin.com/de/e-book/351397/professionelles-audio-mastering-in-theorie-
und-anwendung-nutzen-wirksamkeit

Danny Meyer

Professionelles Audio-Mastering in Theorie und Anwendung. Nutzen, Wirksamkeit und technische Grundlagen

GRIN Verlag

GRIN - Your knowledge has value

Der GRIN Verlag publiziert seit 1998 wissenschaftliche Arbeiten von Studenten, Hochschullehrern und anderen Akademikern als eBook und gedrucktes Buch. Die Verlagswebsite www.grin.com ist die ideale Plattform zur Veröffentlichung von Hausarbeiten, Abschlussarbeiten, wissenschaftlichen Aufsätzen, Dissertationen und Fachbüchern.

Besuchen Sie uns im Internet:

http://www.grin.com/

http://www.facebook.com/grincom

http://www.twitter.com/grin_com

Fachbereich
Angewandte Informatik

Bachelorarbeit

über das Thema

Nutzen und Wirksamkeit von professionellem Audio-Mastering

Autor: Danny Meyer
Abgabedatum: 24.08.2016

I Kurzfassung

Die folgende Arbeit mit dem Titel „Nutzen und Wirksamkeit von professionellem Audio-Mastering" befasst sich mit dem Prozess des Audio-Masterings und soll dabei dessen Nutzen aufzeigen. Mastering stellt den letzten Arbeitsgang innerhalb einer Audio-Produktion an der Musik selbst dar - gewissermaßen den finalen Feinschliff eines Musikstücks. Es schließt dabei direkt an das Mixing eines Songs an.

In dieser Arbeit werden für das Mastering essentielle Techniken erläutert, ihre Auswirkungen genauer beleuchtet und ihre Konfigurationsmöglichkeiten veranschaulicht. Außerdem wird die Anwendung dieser Techniken am Beispiel einer reellen Produktion veranschaulicht. Des Weiteren simulieren zwei webbasierte Applikationen diesen Mastering-Prozess als interaktive Konsolen. Die Implementierungen jener Anwendungen werden ebenfalls genauer beschrieben. Darauf folgt weiterhin eine Zusammenfassung der Ergebnisse, sowie eine Diskussion über die Wirksamkeit von Mastering und äußere, den Prozess beeinflussende Faktoren.

Für Leser, die sich für Audio-Technik und Musik begeistern können, sowie Interesse für die technische Aufbereitung innerhalb des Tonstudios und die Programmierung mit Javascript hegen, stellt diese Arbeit eine ansprechende Informationsquelle dar.

II Inhaltsverzeichnis

III Abbildungsverzeichnis

IV Listing-Verzeichnis

1 Einleitung

„Was ist Mastern? Mastern ist der letzte kreative Schritt in der Audio-Produkiton, die Brücke zwischen dem Mischen und der Vervielfältigung (oder dem Vertrieb). Es stellt die letzte Möglichkeit dar, den Klang zu verbessern und Probleme in einem akustisch optimierten Raum zu beheben ([Kat12], S. 12).“

Demnach steht der Mastering-Prozess am Ende der kreativen Arbeit an der Musik selbst und gilt als letzte Veredelung eines gemischten Musikstücks. Zuvor erfolgen die eigentliche Aufnahme oder computergestützte Erstellung des Audio-Materials, sowie der anschließende Arbeitsgang des Mixings. Während das Mixing eines Musikstücks den Schnitt des Audio-Materials, das Anwenden von Effekten, grobe Eingriffe in Sound und Frequenzbild, sowie arrangementtechnische Veränderungen der Musik beinhaltet, soll das darauffolgende Mastering den klanglichen Feinschliff darstellen. Es inkludiert die Manipulation des gesamten Frequenzbildes, der Dynamik eines Songs, sowie die Verminderung von störenden Faktoren des Klangs. Da diese Beeinflussungen innerhalb des Masterings eine finale Nachbearbeitung darstellen, werden sie - verglichen mit Mixing-Effekten - meist dezent eingesetzt.

Jene Bearbeitungen erfolgen in Form von konfigurierbaren Masteringtools, in welche das zu bearbeitende Audio-Signal hineinläuft und eine Klang-Manipulation erfährt. Diese Tools existieren in digitaler Form als Plugin innerhalb einer DAW[1], sowie als analoge Geräte. Beide Varianten finden nach wie vor - häufig in Kombination - Anwendung in Mastering-Studios. Während kostenfreie bis hochwertige, teure Audio-Plugins existieren, gelten vor Allem die erstklassigen, kostspieligen, analogen Mastering-Tools mit ihrer einzigartigen Klangfärbung als äußerst wertvoll für einen professionellen Mastering-Prozess.

In dem folgenden Kapitel dieser Arbeit werden zunächst jene Werkzeuge ausführlich beschrieben, sowie ihre Funktionsweise und Auswirkungen auf das Audio-Material dargelegt. Dabei wurden speziell für das Mastering essentielle Typen von Geräten und Plugins ausgewählt und ihr Nutzen geschildert. Des Weiteren werden die, von den Tools gebotenen Parameter beleuchtet und ihr Wirken auf die Audiobearbeitung genauer erklärt.

Das daran anschließende Kapitel definiert zunächts verschiedene Arbeitsweisen des Masterings und beschreibt die Anwendung von Tools anhand eines beispielhaften Mastering-Prozesses der Audio-Produktion eines Heavy Metal-Songs. Hierbei sollte verdeutlicht werden, wie wichtig die korrekte Anwendung der genutzten Plugins abhängig von dem bearbeiteten Ausgangs-Material ist. Je nach Musikgenre und Qualität des Mixes sind deutlich unterschiedliche Herangehensweisen in der Bearbeitung gefordert. Dem Mix entsprechend erklärt Kapitel 3 demnach den Grund und Zweck der angewandten Maßnahmen.

---

[1]„Unter einen digitalen Audio-Arbeitsplatz (DAW) versteht man ein Audio-System für die Aufnahme, Mischung und Wiedergabe von Digitalaudio; es ist ein computergestütztes Audiosystem für die Bearbeitung von Audio-Aufnahmen ([IT-a]).“

Um einen interaktiven Eindruck zur Verdeutlichung des Mastering-Nutzens zu liefern, wurden im Rahmen dieser Arbeit des Weiteren zwei webbasierte Anwendungen implementiert, welche auf der beiliegenden DVD enthalten sind. Diese simulieren interaktiv die Veränderungen des Audio-Materials und bieten einige Funktionen, um einen individuellen Höreindruck zu bieten. Dabei werden die, während des Masterings verwendeten Plugins auf Wunsch kurz erläutert. Bei dem Audio-Material dieser Anwendungen, handelt es sich um einen Ausschnitt des in Kapitel 3 beschriebenen Musikstücks.

Die Funktionen dieser Anwendungen werden weiterhin in Kapitel 4 erörtert und daran anschließend ihre Implementierung ausführlich beschrieben. Hierbei wurden Ausschnitte des Quellcodes in die Arbeit eingebunden und direkt erläutert. Darauf folgt eine kurze Beschreibung von aufgetretenen Problemen während der Implementierung des Codes.

Die Arbeit resümiert am Ende in einer knappen Zusammenfassung der zuvor dargelegten Ergebnisse. Des Weiteren wird hier die Wirksamkeit und Notwendigkeit von Audio-Mastering diskutiert und kurz auf einige äußere Aspekte eingegangen, die den Mastering-Prozess beeinflussen.

Während des Lesens dieser Abschlussarbeit, sollte außerdem stets bedacht werden, dass es sich bei dem hier zu Grunde liegenden Thema „Musik", um eine von subjektivem, persönlichem Geschmack geprägte Unterhaltungsform handelt. Dies spiegelt sich selbstverständlich in persönlichen Vorlieben gegenüber eines bestimmten Musikstils wider, spielt aber ebenso in der Anwendung von einzelnen Masteringschritten eine nicht unerhebliche Rolle. Aus diesem Grund, kann es sich bei den im Folgenden beschriebenen Mastering-Anwendungen keinesfalls um allgemein gültige Lösungen handeln. Sie stellen jedoch in der Popular-Musik etablierte Herangehensweisen und Bearbeitungen innerhalb des Mastering-Prozesses dar.

2 Grundlegende Masteringtechniken

„Verändert man etwas, beeinflusst das alles andere!"([Kat12], S. 125)

Dies bezeichnet Audio-Engineer Bob Katz als das oberste Prinzip des Masterings. Damit deutet der dreifache Grammy-Gewinner an, dass die Kunst beim Mastering eben darin liegt, zu wissen, welche verschiedenen Möglichkeiten und damit verbundene Kompromisse bestehen, um anschließend zu Gunsten der Musik zu entscheiden, welche Techniken ihre Anwendung finden (vgl. [Kat12], S. 125).

Im Folgenden sollen diese Techniken grundlegend erklärt, sowie ihre Funktionsweisen erläutert werden, um deren aktive Anwendung am Beispiel anschließend genau zu veranschaulichen.

2.1 Equalisation

Ursprünglich zur Entzerrung von Übertragungsartefakten bei Audiosignalen verwendet, fungieren Equalizer (z. Dt. „Entzerrer") heute als zentrale Instrumente der Klangformung (vgl. [Fri08], S. 268). Das Prinzip eines Equalizers scheint zunächst recht simpel: Eine ausgewählte Frequenz eines Signals wird entweder verstärkt oder beschnitten. Allerdings bildet diese einfache Funktion letztendlich die Basis für sämtliche Frequenzmanipulationen von Audiosignalen.

Sowohl beim Mastering, als auch beim vorherigen Mischen eines Musikstücks spielen Equalizer (kurz „EQ") daher eine besonders wichtige Rolle. Jedoch erfüllen sie während des Mischens einen anderen Zweck: Dort sollen sie eine Klangbalance zwischen den einzelnen Signalen mehrerer Instrumente schaffen. Einfach ausgedrückt, erreicht man dies, indem die jeweiligen Charakteristika eines Instruments in den Vordergrund gerückt und weniger wichtige Frequenzbereiche zu Gunsten anderer Signale beschnitten werden (vgl. [Fri08], S. 268). So müssen bspw. die tiefen Frequenzen eines besonders bassreichen Gitarrensignals reduziert werden, um im Mix „Platz" für den E-Bass zu lassen. Was zunächst so trivial klingt erfordert ein geschultes Gehör, um genaueste selektive Frequenzbearbeitungen durchzuführen.

Die Equalisation beim Mastering setzt allerdings nach dem fertigen Mix an und soll folglich das Frequenzverhalten des Songs als Gesamtwerk vergüten (vgl. [Kai09], S. 685). Solch ein ausgewogenes Klangbild entsteht insbesondere erst durch ein gekonntes Zusammenspiel verschiedener EQs. Besonders wichtig für eine solche Ausgewogenheit ist der frequentielle Mittenbereich der Musik.

„Die Aussage der Musik (...) entstammt den Mitten. Hören Sie sich eine großartige Aufnahme aus einem angrenzenden Raum aus an. Trotz der Dämpfung durch die Türschwelle, die Teppiche und akustische Hindernisse kommt die Information immer noch durch ([Kat12], S. 126; Herv. D. M.)."

Des Weiteren gilt es für ein ausgewogenes Klangerlebnis einen durchsichtigen und angenehm warmen Sound herauszuarbeiten, was durch die Korrektur extremer Abweichungen von einem neutralen Frequenzbild bewerkstelligt werden kann. Erst ein solch relativ neutrales Klangbild gewährleistet ein qualitativ möglichst konstantes Hörerlebnis auf verschiedensten Wiedergabesystemen (vgl. [Kat12], S. 126). Um dies zu erreichen, bedienen sich Toningineure unterschiedlicher Ausprägungen von Equalizern. Die drei grundlegenden Typen unterscheiden sich in parametrische, graphische und sog. Shelving-EQs.

2.1.1 Parametrische EQs

1967 erfand George Massenburg den äußerst flexiblen, parametrischen Equalizer. Beim Mastern besticht diese Ausprägung vor Allem durch eine sehr präzise Frequenzbearbeitung. So können mit parametrischen EQs genau definierte, schmale Frequenzbereiche angehoben oder abgesenkt werden. Dies ermöglicht es bspw. wichtigen Merkmalen eines Instrumentes mehr Durchsetzung zu verleihen oder etwaige Störfrequenzen ohne starke Auswirkungen auf das gesamte Frequenzbild engbandig herauszufiltern (vgl. [Kat12], S. 127).

Alle parametrischen EQs basieren letztlich auf drei Parametern: Die zu bearbeitende Frequenz, sowie Bandbreite und Grad der Anhebung („Boost") oder ggf. Absenkung („Cut"), die sog. Verstärkung. Über den Frequenzregler wird zunächst festgelegt, welche zentrale Frequenz bearbeitet werden soll. Da nicht ausschließlich diese eine Frequenz, sondern je nach Bandbreite gewissermaßen auch benachbarte Frequenzen manipuliert werden, bezeichnet man sie als Mittenfrequenz. Folglich definiert die Bandbreite wie stark sich die Veränderung der Mittenfrequenz parallel auf die benachbarten Frequenzen auswirkt bzw. wie breit sich die Manipulation im Frequenzbild an sich bemerkbar macht. Wie stark der EQ die gewählte Frequenz anheben bzw. absenken soll, wird über die Verstärkung (engl. „Gain") definiert (vgl. [Fri08], S. 269f).

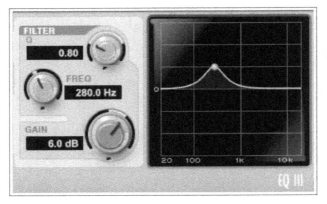

Abbildung 1: Parametrischer EQ in ProTools [2]

Während die Mittenfrequenz in Hertz (Hz), sowie die Verstärkung in Dezibel (dB - positiv oder negativ) angegeben werden, wird die Bandbreite häufig in Form des sog. Q-Faktors bestimmt. Dieser wird definiert als „(...) das Ergebnis der Mittenfrequenz dividiert durch die Bandbreite in Hertz an dem Punkt, wo die Verstärkung - gemessen von der Spitze der Kurve - um 3 dB ab- oder zugenommen hat ([Kat12], S. 127)." Umso kleiner der Q-Faktor also, desto größer die Bandbreite. Als Beispiel zeigt Abbildung 1 einen parametrischen EQ in ProTools mit einer Anhebung um 6 dB bei der Mittenfrequenz 280 Hz. Hier wird durch einen eingestellten Q-Faktor von 0,8 eine mittelbreite bis breitbandige Änderung am Frequenzbild vorgenommen. Eine solche Einstellung könnte bspw. dazu dienen, einer zu dünn klingenden Akustik-Gitarre mehr Fülle und Wärme zu verleihen. So liegt hier in etwa der Bereich der sog. „Unteren Mitten", welche mit unter den Grundtonbereich einiger akustischer Instrumente bilden (vgl. [fai]).

2.1.2 Filter

Wie der Name bereits suggeriert, haben Filter die Aufgabe den Frequenzgang einzuschränken; gewissermaßen zu beschneiden. Nach dem Filter bleibt somit nur ein bestimmter Frequenzanteil des Audiosignals übrig. Um Filter zu konfigurieren, bieten sie grundlegend zwei Parameter: Zum einen die Grenzfrequenz, ab welcher der Filter beginnt das Signal zu beschneiden; genauer handelt es sich dabei um jene Frequenz, bei der das Signal im Vergleich zum Ausgangssignal bereits um 3 dB reduziert wurde. Zum anderen ermöglichen sie die Konfiguration der Flankensteilheit, also der Steigung mit welcher die Flanke des Filters - von der Grenzfrequenz ausgehend - fällt oder steigt. Dies bedeutet sie definiert, wie sanft oder hart das Klangbild ab der gewählten Frequenz beschnitten wird. Auch die Grenzfrequenz wird ähnlich der Bandbreite von parametrischen EQs häufig in Form des Q-Faktors bestimmt (vgl. [Fri08], S. 265). Je nach Verwendung und Konfiguration dieser Parameter ergeben sich verschiedene Arten von Filtern.

2.1.2.1 Hochpass-Filter (Low-Cut)

Erhält ein Filter alle Frequenzen oberhalb der Grenzfrequenz, also lässt er diese passieren, so handelt es sich um einen Hochpass-Filter. Gegensätzlich formuliert, schneidet er demnach Frequenzen unterhalb der gewählten Frequenz weg, weshalb er häufig auch als Low-Cut bezeichnet wird (vgl. [Kai09], S. 173).

---

[2]Quelle: Danny Meyer

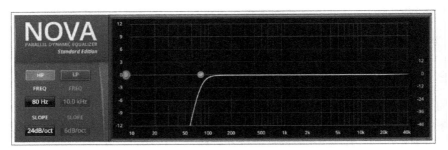

Abbildung 2: Beispiel für einen Hochpass-Filter bei 80 Hz [3]

Abbildung 2 zeigt einen Hochpass-Filter mit einer Grenzfrequenz von 80 Hz, wobei die Flankensteilheit mit einem relativ steilen Wert von 24 dB pro Oktave definiert wurde. Folglich liegt bei einem Frequenzunterschied von einer Oktave zur Grenzfrequenz, bereits eine Absenkung um 24 dB vor.

2.1.2.2 Tiefpass-Filter (High-Cut)

Analog zum Low-Cut werden Filter, die wiederum nur Frequenzen unterhalb der Grenzfrequenz passieren lassen, als Tiefpass-Filter bezeichnet. Da diese folglich Frequenzen über der Grenzfrequenz beschneiden, hat sich außerdem die Betitelung als High-Cut etabliert (vgl. [Kai09], S. 175).

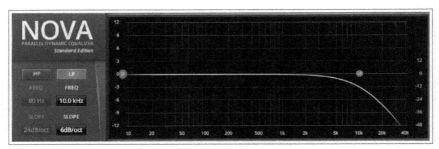

Abbildung 3: Beispiel für einen Tiefpass-Filter bei 10 kHz [4]

Ein Beispiel eines Tiefpass-Filters mit einer Grenzfrequenz von 10 kHz und einer recht flachen Flanke von 6 dB pro Oktave ist hier in Abbildung 3 zu sehen.

---

[3]Quelle: Danny Meyer
[4]Quelle: Danny Meyer

2.1.2.3 Bandpass-Filter/Bandsperr-Filter

Kombiniert man sowohl Hochpass- als auch Tiefpass-Filter, so entsteht ein Bandpass-Filter. Ein solcher Bandpass-Filter lässt demzufolge nur Frequenzen innerhalb der Grenzen beider Filter passieren. In Abbildung 4 werden beide zuvor dargestellten Filter zusammen in Form eines Bandpass Filters repräsentiert.

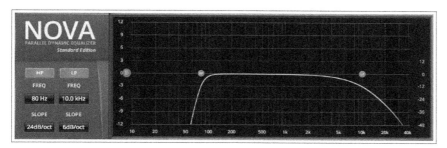

Abbildung 4: Beispiel für einen Bandpass-Filter mit einem Low-Cut bei 80 Hz und einem High-Cut bei 10 kHz [5]

Bandpass-Filter finden häufig Anwendung bei der Verfremdung von Signalen hin zu bestimmten Klang-Effekten wie etwa einem Telefoneffekt, mit welchem (einem Telefon entsprechend) ein Frequenzgang von ca. 300 Hz bis 3 kHz imitiert werden kann (vgl. [Fri08], S. 267).

Als Gegenstück zum Bandpass-Filter beschneidet der sog. Bandsperr-Filter, gewissermaßen invertiert, den Frequenzbereich zwischen den Grenzfrequenzen. Ein solcher Filter lässt somit eben genau die Frequenzbereiche außerhalb der gewählten Grenzfrequenzen übrig.

2.1.2.4 Shelving-EQs

Ähnlich diesen Filtern fungieren auch Shelving-Equalizer oder auch „Kuhschwanz"-EQs. Solche EQs arbeiten wie auch Low- und High-Cut ab einer bestimmten Grenzfrequenz, unterscheiden sich jedoch in ihrer Vorgehensweise. Im Gegensatz zu Filtern, welche ganze Frequenzbereiche kappen, senken Shelving-Equalizer diese nur um einen durchgehend definierten Wert ab.

---

[5]Quelle: Danny Meyer

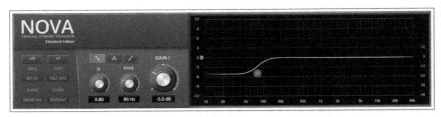

Abbildung 5: Beispiel für einen Shelving-EQ mit einer Grenzfrequenz von 80 Hz [6]

So senkt der Shelving-EQ in Abbildung 5 ab einer Frequenz von 80 Hz tiefere Frequenzen um 5 dB ab. Durch einen Q-Faktor von 0,8 wird ein fließender Übergang zur Absenkung ab der Grenzfrequenz erzeugt.

2.1.3 Grafische EQs

Eine weitere Art von Equalizern stellen die grafischen EQs dar. Diese sollen aufgrund ihrer eher zweitrangigen Bedeutung für das Mastering, an dieser Stelle allerdings nur der Vollständigkeit wegen Erwähnung finden. Grafische Equalizer bieten im Vergleich zu parametrischen EQs nur fest vorgegebene regelbare Frequenzbänder zum Boost bzw. Cut von Frequenzen an; diese variieren je nach Modell in ihrer Anzahl (vgl. [Bro]). Aufgrund dieser festen Frequenzregler kommen häufig grafische EQs in analoger Form zum Einsatz.

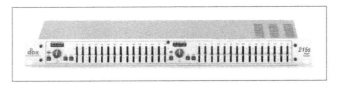

Abbildung 6: DBX 215s: Beispiel für einen zweikanaligen grafischen EQ mit je 15 Frequenzbändern [7]

Im Masteringstudio können analoge, grafische Equalizer am Ende des Abhörwegs für einen Ausgleich von Störfrequenzen wie stehenden Wellen[8] sorgen, welche möglicherweise auf Grund räumlicher Gegebenheiten durch die Lautsprecherwiedergabe auf natürliche Weise entstehen. In dieser Anwendungsform beeinflussen grafische EQs demnach nicht das eigentliche Mastering selbst, können aber dem Engineer ein möglichst verlässliches Klangbild innerhalb des Studios ermöglichen.

---

[6] Quelle: Danny Meyer
[7] Quelle: https://www.thomann.de/pics/bdb/264739/4624178_800.jpg
[8] „Stehende Wellen ergeben sich aus der Überlagerung zweier Wellen welche die gleiche Frequenz, gleiche Amplitude und auch den gleichen Phasenwinkel haben. Nur die Richtung, in die sie laufen ist entgegengesetzt." ([Pri])

2.2 Dynamikmanipulation

Neben der Veränderung des Frequenzbildes, spielt während des Masterings außerdem die gewinnbringende Manipulation des Dynamikumfang eines Musikstücks eine sehr wichtige Rolle. „Umfang" meint hier die Differenz zwischen den lautesten und den leisesten Passagen eines Musikstücks. Dynamik wird weiterhin in sog. Mikrodynamik und Makrodynamik unterschieden (vgl. [Kat12] S.139).

(vgl. [Mae14])

Makrodynamik Verschiedene Teile eines Songs unterscheiden sich in ihrer Lautstärke. Der so entstehende Lautheitsunterschied innerhalb eines Stückes stellt die Makrodynamik dar. Je nach Mix und Musikstück ist es nötig diesen gesamten Dynamikunfang zu verringern (Kompression) oder zu erweitern (Expansion).

Ein reelles Hörerlebnis einer natürlichen Musik-Darbietung zeichnet sich normalerweise durch starke Lautheitsunterschiede aus: ruhige, einleitende Passagen eines Stücks wechseln sich bspw. mit eindrucksvollen, lauten Refrains ab. Solch ein extremer Dynamikumfang ist letztlich aber in den meisten Fällen nur schwerlich für den Endkonsumenten von Studio-Produktionen nutzbar, geschweige denn relevant[9]. Damit letzten Endes jedes Detail der Musik vernehmbar ist und ein auf allen Endgeräten möglichst gutes Hörerlebnis besteht, wird der Dynamikumfang moderner Produktionen deshalb meist komprimiert. D.h. leisere Abschnitte des Stücks werden lauter geregelt (Aufwärts-Kompression), während laute Passagen in ihrem Pegel abgesenkt werden (Abwärts-Kompression) (vgl. [Kat12] S.140).

---

[9]Laut einer Studie des Bundesverband Musikindustrie von Dezember 2013 hörten bereits damals fast 80% ihre Musik am Liebsten über MP3-Player oder Smartphone (vgl. [Bun])

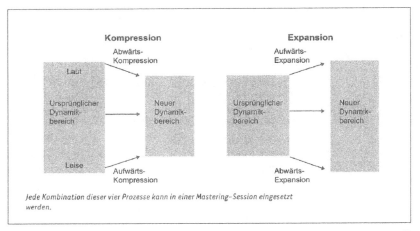

Abbildung 7: Visualisierung der Prozesse zur Bearbeitung des Dynamikumfangs [10]

Auch eine Erweiterung des Dynamikbereichs kann Sinn machen. Besitzt ein Mix von Grund auf zu geringe Lautheitsunterschiede oder bietet er durch die Kompression einzelner Elemente zu wenig Dynamik und wirkt dadurch eintönig, so kann eine Expansion diesen aufregender klingen lassen. Zur Verdeutlichung stellt Abbildung 7 die verschiedenen Prozesse zur Manipulation der Makrodynamik visuell dar.

Mikrodynamik   Der Begriff „Mikrodynamik" beschreibt hingegen vielmehr den rhythmischen Ausdruck, Integrität und Schwung der Musik. Dabei spielen besonders schnelle Dynamikveränderungen, wie Perkussionsschläge oder das plötzliche Einsetzen von Instrumenten eine wichtige Rolle (vgl. [Kat12], S.139). Während makrodynamische Bearbeitungen durch manuelle Anhebung und Absenkung der Einzelpegel verschiedener Spuren, sowie des Masterpegels geregelt werden können, bedarf es bei feinen mikrodynamischen Änderungen während des Masterns dem Einsatz diverser Dynamikprozessoren, insbesondere Kompressoren.

2.2.1 Kompressor/Limiter

Das „Handbuch der Tontechnik" beschreibt den Zweck von Kompressoren wie folgt:

> „Vorrangige Ziele der automatischen Dynamikkompression sind die Erhöhung der Zuverlässigkeit der Aussteuerung, die Einengung der Dynamik, die Lautheitserhöhung, die Klangverdichtung oder die Beeinflussung des Verlaufs von Einschwingvorgängen - das sog. Hüllkurvendesign ([Mae14], S. 378)."

Kompressoren sind demnach Regelverstärker, welche auf den Pegel des eingehenden Eingangssignals automatisch reagieren und jenes Signal entsprechend stark verstärken. Über-

---

[10]Quelle: [Kat12] S.141

schreitet der Pegel des eingehenden Signals einen festgelegten Wert, verstärkt der Kompressor je nach Grad dieser Überschreitung - seiner Konfiguration entsprechend - weniger stark bis gar nicht.

Die Wirkungsweise eines Kompressors bzw. seiner Parameter kann in Form von Übertragungskennlinien dargestellt werden. Diese Funktionen zeigen das Verhältnis von Eingangs- zu Ausgangspegel eines Signals an, wobei der Eingangspegel entlang der x-Achse und der resultierende Ausgangspegel an der y-Achse abgelesen wird. Abbildung 8 zeigt hierzu drei beispielhafte Kennlinien: Die linke Darstellung stellt einen sog. Unity-Gain dar, bei welchem keine Verstärkung vorgenommen wird, also Ein- und Ausgangssignal ein Verhältnis von 1:1 aufweisen. In der Mitte liegt eine konstante Anhebung um 10 dB vor, bei welcher jedes Eingangssignal über -10 dB durch jene Verstärkung verzerren würde (die 0 dB-Marke wird hier überschritten). Die rechte Abbildung stellt beispielhaft eine durchgängige Abschwächung um 10 dB dar.

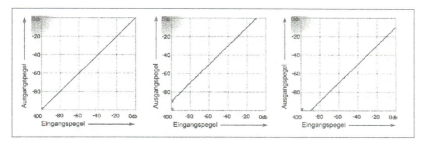

Abbildung 8: Drei Übertragungskennlinien. Links ein Unity-Gain (1:1), dann ein Verstärker mit 10 dB Anhebung und rechts mit 10 dB Abschwächung [11]

Je nach Konfiguration, variieren Sensibilität, Grad und Dauer des Eingreifens eines Kompressors. Hierzu bieten diese üblicherweise folgende Parameter.

2.2.1.1 Threshold

Zunächst muss bestimmt werden, ab welcher Höhe des Eingangspegels der Kompressor zu arbeiten beginnt, also ab wann er die angewendete Verstärkung reduziert. Dieser Wert wird als Threshold (z. Dt. „Schwellwert") bezeichnet und in dB, kleiner oder gleich 0 (bei Kompression), angegeben (vgl. [Fri09], S.701).

Ein eingestellter Threshold-Wert von -30 dB und dessen Einwirkung auf die Kennlinie des Eingangssignals ist in Abbildung 9 (links) zu sehen: Wie anhand der Funktion zu erkennen ist, bleiben alle Werte unterhalb eines Eingangspegels von -30 dB (x-Achse) unverändert und werden 1:1 auf den gleichen Wert in y-Richtung abgebildet. Pegel ab dieser -30 dB-Grenze

---

[11]Quelle: [Kat12] S.147

werden je nach Konfiguration mehr oder weniger stark komprimiert; zu erkennen ist dies an
der sich ändernden Steigung der Kennlinie.

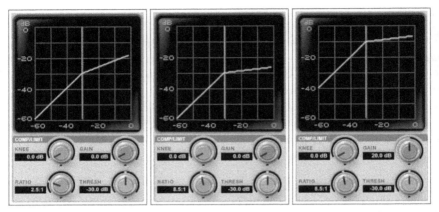

Abbildung 9: Kompressor in ProTools mit verschiedenen Werten [12]

2.2.1.2 Ratio

Wie stark ein Signal ab Überschreitung der Threshold komprimiert wird, legt die Kom-
pressionsratio fest. Die Angabe dieser Ratio erfolgt als das Größenverhältnis von Eingangs-
zu Ausgangspegel. „So bedeutet eine Ratio von 2:1 bei einem Kompressor, dass bei Überschreiten des Thresholds eine Pegeländerung von 10 dB auf eine Pegeländerung von 5 dB
zusammen komprimiert wird ([Fri09], S.701)."

Abbildung 9 zeigt links die Kennlinie eines Kompressors mit einer Ratio von 2,5:1. Hier wird
also eine Pegel-Verstärkung des eingehenden Signals von 2,5 dB nur noch als Verstärkung
um 1 dB ausgegeben. Eine besonders starke Ratio von 8,5:1 stellt die Konfiguration in der
Mitte von Abbildung 9 dar. Diese beiden unterschiedlichen Ratio-Einstellungen werden beim
Vergleich beider Kennlinien sofort durch die Steigungunterschiede ab der Threshold-Grenze
deutlich.

2.2.1.3 Makeup-Gain/Output Level

Je nach Einstellung von Threshold und Ratio erfährt das Audiosignal eine mehr oder weniger starke Abwärts-Kompression. Vereinfacht formuliert: (Zu) laute Pegel werden leiser
ausgegeben. Jene Kompression erzeugt zwar die erwünschte Verkleinerung des Dynamikbereichs, aber senkt auch den maximalen Pegel des Signals ab. Um solch einen Lautstärke-
verlust auszugleichen, bieten Kompressoren gemeinhin den Parameter (Makeup-)Gain oder

---

[12]Quelle: Danny Meyer

Output-Level, welcher als Aufholverstärker nach der eigentlichen Kompression dient (vgl. [Kat12], S.148). So wird mit der Parametereinstellung in Abbildung 9 rechts der zuvor in der mittleren Konfiguration erzeugte Lautheitsunterschied über eine Anhebung des Pegels um 20 dB angeglichen.

2.2.1.4 Knee

Als Knie oder engl. „Knee" wird der Scheitelpunkt der Kennlinie bezeichnet, an welchem diese den Thresholdwert überschreitet und die Kompression beginnt. Ein harter Eckpunkt, wie er in Abbildung 10 links bei dem eingestellten Schwellwert von -30dB dargestellt wird, wird als Hard-Knee bezeichnet: Genau ab der Threshold beginnt der Kompressor zu arbeiten (vgl. [Kai09], S. 228).

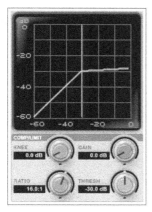 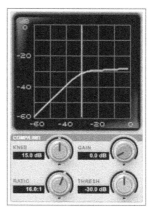

Abbildung 10: Kompressor in ProTools. Links mit Hard-Knee, rechts mit Soft-Knee [13]

Rechts hingegen zeigt Abbildung 10 einen Kompressor mit einer Knee-Bandbreite von 15 dB, was sich in Form einer Biegung der Kurve am Scheitelpunkt erkennen lässt. Eine solches sog. Soft-Knee führt dazu, dass der Grad der Kompression in einem bestimmten Bereich um den Scheitelpunkt (hier 15 dB), stufenweise steigt. Praktisch erzeugt dieser sanfte Übergang der Kennlinie eine diskretere Kompression.

2.2.1.5 Attack und Release

Neben der Dynamikparameter für Intensität und Sensibilität der Pegeländerung, regeln die Attack- und Release-Zeiten eines Kompressors wie dieser in Abhängigkeit von der Zeit reagiert.

---

[13]Quelle: Danny Meyer

Die Determination der Attack-Zeit, bestimmt die Zeit von Überschreitung der Threshold bis zum Einsetzen der vollen Gain-Reduktion (je nach Ratio) durch den Kompressor (vgl. [Kat12], S.149). Sehr kurze Attack-Zeiten dienen häufig zum Eindämmen kurzer Spitzenwerten des Signals oder zur Bearbeitung der Einschwingphasen innerhalb eines Signals. Um die eigentliche Dynamik eines Signals aufzubereiten, werden eher mittellange bis lange Attack-Zeiten genutzt (vgl. [Fri09], S.702). Als typische Attack-Zeiten im Musik-Mastering gelten nach Bob Katz Werte von ca. 50 ms bis 300 ms (vgl. [Kat12], S.149).

Infolgedessen bestimmt die Release-Zeit entgegengesetzt der Attack, ab welchem Zeitpunkt, nach anschließendem Unterschreiten der Threshold, die Verstärkung des komprimierten Signals wieder einer Ratio von 1:1 und damit also das ausgehende Signal dem eingehenden entspricht. Eine sehr kurze Release-Zeit bringt demnach auch eine sehr konsequente Dynamikbearbeitung durch harte Pegelanpassungen mit sich, die der Musik bei richtiger Konfiguration jedoch an Druck verleihen kann. „Lange Releasezeiten entsprechen eher dem normalen Hörempfinden, da auch das Ohr länger braucht, um auf eine Lautstärkeänderung zu reagieren ([Fri09], S.702)." So ist es je nach Songtempo und Musikrichtung, wichtig den richtigen Grad zwischen beiden Extremen zu finden. Als typische Release-Zeiten bezeichnet Mastering-Engineer Bob Katz 50 ms bis 500 ms (vgl. [Kat12], S.149).

2.2.1.6 Sonderform: Limiter

Ein Limiter funktioniert grundlegend genau wie ein Kompressor: Alle Parameter sind in ihrer Bedienung und Funktionsweise mit denen des Kompressors identisch. Jedoch besitzt ein Limiter einen festen Ratio-Wert von (theoretisch) ∞:1 und ist damit als eine Art Sonderform des Kompressors zu bezeichnen. Dieser Ratio-Wert bedeutet, dass der Limiter das Signal somit nicht nur komprimiert, sondern alle Signalspitzen über dem Schwellwert komplett auslöscht. Wie in Abbildung 11 zu sehen, findet also ab der Threshold-Grenze keinerlei Verstärkung statt. So dient ein Limiter (dem Namen entsprechend) oftmals gewissermaßen als Maximal-Pegel-Grenze für Audiosignale (vgl. [Fri08], S.278f).

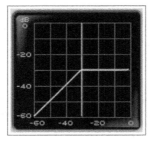

Abbildung 11: Limiter mit einer Threshold bei -30 dB [14]

---

[14]Quelle: Danny Meyer

2.2.2 Expander/Gate

„Technisch entspricht ein Expander einem Kompressor mit umgekehrter Funktionsweise ([Mae14], S.384)." Folglich ist ein Expander ebenfalls ein Regelverstärker, welcher jedoch der Erweiterung des Dynamikbereichs dient. Auch die grundlegenden Parameter Threshold und Ratio, sowie Release- und Attack-Zeit (vgl. Kapitel 2.2.1) haben sie mit Kompressoren gemeinsam. Der Expander verringert somit die Verstärkung eines Signals, je nach eingestellter Ratio, sobald der eingehende Pegel unter den Threshold-Wert fällt. (vgl. [Mae14], S.384)

Als Gegenstück zum Make-Up-Gain des Kompressors regelt der Parameter Range des Expanders wie stark die Verstärkung des Pegels unterhalb des Schwellwerts abgesenkt wird. Verschiedene Einstellungen der Range, sowie die Darstellung der anderen Parameter sind in Form typischer Kennlinienverläufe in Abbildung 12 dargestellt.

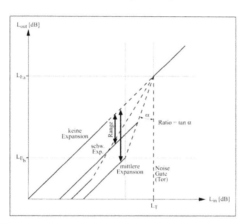

Abbildung 12: Typische Kennlinienverläufe eines Expanders [15]

Außerdem zeigt Abbildung 12 bei Eingangspegel L_T eine Kennlinie mit Ratio-Extremwert ∞:1, sowie Range gleich unendlich. Diese Konfiguration eines Expanders stellt seine Extremform, das Gate, dar. Entsprechend diesem Begriff (z. Dt. „Tor"), lässt das Gate Pegel unterhalb der Threshold gar nicht passieren, senkt deren Verstärkung also theoretisch unendlich stark ab. So kann bspw. störendes Rauschen zwischen den eigentlichen Toninformationen herausgefiltert werden (vgl. [Mae14], S.384).

2.2.3 Multiband-Kompressor

Wirkt ein gewöhnlicher Kompressor auf die komplette Stereo-Summe eines Musikstücks ein, so arbeitet dieser - seiner Konfiguration entsprechend - abhängig von Zeit und somit auch

---

[15]Quelle: [Mae14], S.385

von Rhythmus.

Dies kann allerdings bedeuten, dass ein nach Gesamt-Rhythmik des Stückes eingestellter Kompressor zwar den gewünschten Kompressionseffekt bzgl. der perkussiven Elemente erzeugt, diese Konfiguration aber parallel Melodie-Instrumente oder den Gesang gleichermaßen komprimiert, obwohl diese einen ganz anderen Dynamikverlauf aufweisen. So kann z.B. eine auf die Rhythmik der Bassdrum-Schläge eingestellte Kompression, ebenso den Gesang zeitgleich anheben/absenken, was dessen Rhythmik nicht unterstützt oder sogar entgegenwirkt. Durch eine solche Fehlkompression kann bspw. ein unerwünschter Pump-Effekt auf dem Mix entstehen, der sich durch ein störendes Flattern innerhalb der Gesamtlautstärke bemerkbar macht(vgl. [Segc]; [Kat12], S.158).

Mit Hilfe eines Multiband-Kompressors lässt sich diese Problematik lösen: Hierbei handelt es sich gewissermaßen um mehrere parallel arbeitende Kompressoren. Jeder von diesen einzelnen Kompressoren arbeitet unabhängig und wirkt sich dabei nur auf ein definiertes Frequenzband aus. Jene Frequenzbänder können meist durch Angabe jeweiliger Grenzfrequenzen eingestellt werden, wobei die Anzahl der Bänder selbst je nach Gerät/Plugin variieren kann. Pro Band werden die Kompressorparameter dann separat konfiguriert (vgl. [Kai09], S. 232).

Abbildung 13: Analoger Multiband-Kompressor: Tube-Tech SMC2B [16]

Als Beispiel zeigt Abbildung 13 eine analoge Variante eines Multiband-Kompressors. Wie hier zu erkennen ist, ermöglicht dieser über zwei Grenzfrequenzregler (links) das Bestimmen dreier Bänder. Der mittlere Frequenzbereich ergibt sich entsprechend den Grenzen für oberes und unteres Band analog. Für jedes so definierte Frequenzband lassen sich je separat über die Regler daneben Threshold, Ratio, Attack, Release und Verstärkung regeln[17].

---

[16]Quelle: http://lghttp.50970.nexcesscdn.net/8029F77/vk/media/catalog/product/t/u/tubetech_smc2b_1.jpg

[17]Die Regler für Attack- und Release-Zeiten weisen nebenstehend keine genauen Werte auf, sondern lediglich die Angaben „Fast" und „Slow". Hier spiegelt sich wider, dass es bei der richtigen Konfiguration von Dynamikprozessoren (und Effektgeräten im Allgemeinen), weniger auf feste zu berechnende Zeitwerte, sondern vielmehr auf den augenblicklichen Höreindruck und das geschulte Gehör des Engineers ankommt.

2.3 Geräuschverminderung

Zwar setzt das Mastering erst nach der Aufbereitung des Audio-Materials durch den Mix
an, trotz allem beinhaltet es jedoch auch die Verminderung von Störfrequenzen und Rauschen. Im Mix zuvor sollten grobe impulsartige störende Geräusche bereits manuell heraus-
geschnitten oder - handelt es sich um aufgenommene akustische Signale und keine virtuellen
Instrumente - im Bestfall schon während der Aufnahme vermieden werden. Dennoch müssen
auch anschließend noch stetige Rauschanteile herausgefiltert bzw. verringert werden, um dem
Gesamteindruck des Musikstückes nicht zu schaden.

Stetes Rauschen   Stetes Rauschen, also Rauschen das andauernd mit gleichbleibender
Charakteristik auftritt, lässt sich in breitbandiges und tonales Rauschen gliedern. Solch ein
tonales Rauschen zeichnet sich durch ein, als einzelne Frequenz (oder Frequenzbereich),
durchgängig hörbares Störgeräusch aus. Natürlich gilt eine durchgängig deutlich hörbare
Frequenz nur als Störung, wenn diese keinen wesentlichen Bestandteil der eigentlichen Toninformation des Signals darstellt. Daher dürfen beim Auslöschen jeweiliger Störfrequenzen
keine für das Signal essentiellen Frequenzbereiche beschnitten werden (vgl. [Kat12], S. 173f).

Hingegen besitzt breitbandiges Rauschen keinen offensichtlichen, erkennbaren Frequenzanteil, und lässt sich somit nicht mühelos herausfiltern. Es wird wiederum in weißes Rauschen
- frequenzunabhängig, also Rauschen, dessen Energie sich über den ganzen Frequenzbereich
erstreckt - oder farbiges Rauschen unterschieden. Bei letzterem lassen sich besondere Leis-
tungsdichten der Rauschenergie in bestimmten Frequenzbereichen erkennen. Je nach Fre-
quenzabhängigkeit wird die Art des Rauschens bestimmten Farben zugeordnet (vgl. [IT-c]).

2.3.1 Kerbfilter

Zur Neutralisierung tonalen Rauschens können sehr engbandige Bandsperr-Filter (vgl. 2.1.2.3.
Bandpass-Filter/Bandsperr-Filter) verwendet werden. Diese Kerbfilter (engl. notch filter) be-
sitzen folglich, je nach Frequenzbreite des tonalen Rauschens, einen relativ bis extrem großen
Q-Faktor (entspricht sehr enger Bandbreite), um den störenden Ton fein herauszufiltern (vgl.
[Fri08], S. 267). Abbildung 14 stellt einen Kerbfilter bei 5 kHz dar.

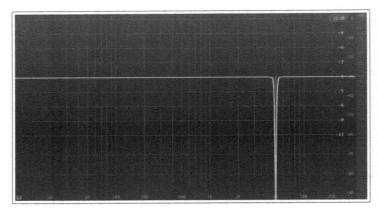

Abbildung 14: Kerbfilter in ProTools bei 5 kHz [18]

Als typische Herangehensweise kann zunächst ein Bandpass-Filter mit gleicher, enger Bandbreite genutzt werden, um durch Ausprobieren verschiedener Frequenzeinstellungen die störende Frequenz ausfindig zu machen. Ein Bandsperr-Filter mit gleicher Frequenz- und Bandbreitenkonfiguration kann dann die erkannte Frequenz ausschließen.

2.3.2 Noisegate

Wie bereits in Kapitel 2.2.2. Expander/Gate beschrieben, können Gates alle Signalanteile unterhalb eines bestimmten Pegels eliminieren. Auf diese Weise werden leise Rauschanteile innerhalb der Pausen eines Audiosignals ausgelöscht. Das Gate lässt das Signal also nur dann passieren, wenn der Eingangspegel lauter als bei ausschließlichem Rauschen wird (vgl. [Kai09], S. 244f).

2.3.3 Denoising-Prozessoren

Um nicht nur zwischen den nutzbaren Audioanteilen Rauschen zu unterdrücken, sondern auch den Rauschanteil innerhalb der Toninformation zu verringern, existieren verschiedene Rauschverminderungsgeräte. Grundlegend handelt es sich bei solchen um Multiband-Expander. Dies bedeutet (analog zum Multiband-Kompressor) hier werden mit Hilfe vieler Bänder ausgewählte Rauschfrequenzen aufgrund ihres zu geringen Pegels nicht so sehr verstärkt wie andere.

Komplexe Varianten dieser Prozessoren arbeiten mittels sog. Fingerprints: Kurze Audiosamples, die ausschließlich den rauschenden Störanteil beinhalten, den es zu verringern gilt. Durch Analyse eines solchen Samples kann der Denoiser die Parameter der einzelnen Bänder entsprechend konfigurieren (vgl. [Kat12], S. 178f).

---

[18]Quelle: Danny Meyer

2.4 M/S-Mastering

Das „M/S-Stereo Matrix Verfahren" erlaubt es, ein Stereo-Signal nicht wie gewöhnlich in linken und rechten Kanal, sondern in Mitten- und Seitenkanäle aufzuteilen. Diese Aufteilung bezieht sich auf das Stereopanorama des Audiofiles, was bedeutet, dass der Mittenkanal als Monosignal alle Bestandteile des Mixes beinhaltet, während das Seitensignal ausschließlich dessen Panoramaanteil enthält (vgl. [Brab]). Dies ermöglicht es Mitten- und Seitensignale unabhängig voneinander zu bearbeiten. Jene Signale werden aus dem Stereofile durch das sog. M/S-Encoding folgendermaßen generiert.

2.4.1 M/S-Encoding und M/S-Decoding

Das Monosignal (M) ergibt sich als Summe aus linkem (L) und rechtem (R) Kanal des Stereosignals. Im Gegensatz dazu lässt sich das Seitensignal (S) als Differenz von linkem (L) und rechtem (R) Kanal berechnen.

Während die Summe beider Kanäle durch ein einfaches Zusammenmischen beider erzeugt wird, kann deren Differenz nur durch gegenseitige Interferenz von gleichen Toninformationen und deren Auslöschung generiert werden. Um so alle identischen Anteile beider Kanäle auszulöschen, wird die Phase eines der beiden Seitensignale um 180° gedreht[19]. Bei einem anschließendem Zusammenmischen von linken und rechtem Kanal interferieren alle identischen Signalanteile der beiden Kanäle (also die Toninformationen der Monomitte) und löschen sich aus. Folglich bleiben ausschließlich die Seitensignale übrig (vgl. [Son]).

Das Prinzip des M/S-Encodings wird in Abbildung 15 grafisch dargestellt. Hierbei stellen die grün gekennzeichneten Bereiche das Gesamtsignal je als linken und rechten Kanal dar, während das Mittensignal blau und die zwei Einzelbereiche aus welchen sich je das Seitensignal ergibt, rot repräsentiert werden.

---

[19]Erklingt das gleiche Audiosignal einmal normal und zeitgleich mit einer Phasendrehung um genau 180°, so überlagern sich die Amplituden beider Signale exakt gegensätzlich, was eine komplette Auslöschung beider Signale oder eben gleicher Toninformationen innerhalb der Signale bewirkt (vgl. [Baab]).

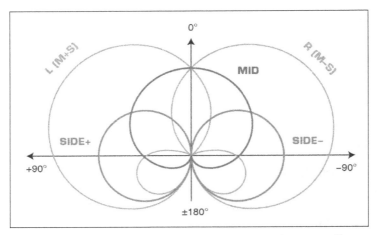

Abbildung 15: Grafische Veranschaulichung der M/S-Technik [20]

Nach der Bearbeitung im M/S-Verfahren, müssen Mitten- und Seitensignal wieder zu einem Stereosignal dekodiert werden, was als M/S-Decoding bezeichnet wird. Hierzu wird die vorherige Kodierung umgekehrt: Um den linken Kanal zu generieren, werden Mitten- und Seitensignal gemischt, während sich der rechte Kanal aus der Interferenz von Mitten- und Seitensignal ergibt (vgl. [Son]).

2.4.2 Möglichkeiten des M/S-Masterings

Die M/S-Technik bietet den enormen Vorteil, dass Mitten- und Seitensignale eines Stücks komplett separat bearbeitet werden können, nachdem bereits der fertige Mix als Stereosignal vorliegt. Auf diese Weise lässt sich auf der einen Seite das Lautstärke-Verhältnis zwischen Mitten und Seiten anpassen. So kann bspw. die Anhebung des Seitensignals, also eine Verstärkung der Panoramaanteile, das Musikstück breiter klingen lassen, auch wenn der Mix an sich vielmehr mittig klingt.

Auf der anderen Seite lassen sich über das Mitten/Seiten-Verhältnis hinaus, auf beide Signale vollständig separate Effekprozessoren anwenden. Das ermöglicht unter anderem, trotz vorliegender Stereosumme, eine separate Bearbeitung verschiedener Instrumente, die mitunter einen ähnlichen Frequenzbereich teilen, unabhängig von deren Frequenz. Eine starke Kompression der Mitte kann damit z.B. den Bässen des Mixes mehr Druck verleihen, ohne dabei das luftigen Stereobild verwaschen klingen zu lassen (vgl. [Baaa]).

---

[20]Quelle: http://www.brainworx-music.de/temp/midside-0fc9ab66f2e0852d5c705163160c58d8.png

3 Mastering in der Anwendung

Die in Kapitel 2 behandelten Mastering-Techniken bilden die technische Grundlage von professionellem Audio-Mastering. Um diese effektiv und nicht gar kontraproduktiv zu nutzen ist es wichtig zu wissen, welche Technik für jeweilige Problemstellungen die richtige Lösung darstellt und wie diese korrekt eingesetzt werden. Dabei existieren in erster Linie keine allgemeingültigen Regeln. Je nach Qualität und Beschaffenheit des zu veredelnden Mixes oder dessen Einzelspuren, erfordert es sowohl verschiedene Herangehensweisen, als auch die passende Anwendungen der zur Verfügung stehenden Techniken.

3.1 Stereo-/STEM-Mastering

Im Wesentlichen werden zwei grundlegende Vorgehensweisen unterschieden: Stereo- und STEM-Mastering.

Im klassischen Sinne versteht man unter Mastering das Stereo-Mastering. Hiermit ist die Bearbeitung der kompletten Stereosumme des Mixes gemeint. Um das gesamte Klangbild eines Mixes anzupassen, werden Plugins und Geräte am Ende auf den gesamten Mix angewendet. Vor Allem die Verwendung hochwertiger analoger Geräte zur Bearbeitung der Stereosumme kann dem Gesamtmix so als Einheit eine gewünschte Klangfärbung verleihen.

Diesem gegenüber steht das STEM-Mastering, das Anwenden von Mastering-Plugins und Geräten auf einzelne Summenspuren, sog. STEMs. Dabei wird der Mix zuvor nicht als einzelne Stereosumme zum Mastern exportiert, sondern in sinnvolle Einzelspuren eingeteilt. Dies bedeutet bspw. das Zusammenfassen vielzähliger Einzelspuren und Takes innerhalb des Mixes in grobgegliederte Sub-Mixes. Sinn macht eine solche Nachbearbeitung von einzelnen STEMs vor Allem dann, wenn nach der Aufnahme/dem Mischen noch qualitative Defizite innerhalb einzelner Spuren vorliegen (vgl. [Rod]).

Um solche Mängel in den Summenspuren möglichst auszugleichen, müssen fehlerbehebende Maßnahmen auch direkt auf diese angewandt werden. Eine Bearbeitung der reinen Stereosumme reicht in solch einem Fall somit nicht aus und kann sich auf den Gesamtmix mitunter negativ auswirken. STEM-Mastering bietet demnach mehr Möglichkeiten als ausschließliches Mastering der Stereosumme, ist aber je nach Qualität des vorliegenden Mixes und Hinblick auf den Mehraufwand (aufgrund mehrerer zu bearbeitender Spuren) auch nicht immer notwendig.

3.2 Einsatz von Mastering-Techniken am Beispiel einer Heavy Metal-Produktion

Am besten lässt sich die Arbeitsweise beim Mastern und der aktive Einsatz von Plugins und Geräten durch den Mastering-Engineer am Beispiel einer reellen Produktion veranschaulichen. Bei der im Folgenden erörterten Produktion, handelt es sich um einen Heavy

Metal-Song, welcher nach dem Mix zunächst ein STEM-Mastering und anschließend das Stereo-Mastering durchlief. Dabei wurden ausschließlich digitale Plugins verwendet.

Anmerkung: Da der vorliegende Mix, sowie das Mastering durch den gleichen Engineer und innerhalb einer Session erfolgte, ist eine definierte Zuordnung der einzelnen Arbeitsschritte zu den Bereichen Mix bzw. Mastering nicht immer objektiv eindeutig.

3.2.1 STEM-Mastering

Nach dem Editing, der groben klanglichen Bearbeitung, der Anwendung diverser Effekte und weiterer Anpassung innerhalb des Mixings, benötigten die verschiedenen Instrumente und Gesangsspuren des vorhandenen Songs noch diverser Aufwertungen durch Plugins, die dem STEM-Mastering zugeordnet werden können. Im Folgenden werden die wichtigsten dieser Anpassungen und deren Auswirkungen, den Spuren nach geordnet, genauer beleuchtet.

3.2.1.1 Schlagzeug

Alle Einzelspuren des Schlagzeuges[21] wurden nach deren Einzelbearbeitung, vor dem Eingehen in die Stereosumme, als Submix zusammengefasst.

Zunächst wurde auf den Submix des gesamten Schlagzeuges ein dezenter Kompressor angewendet. Durch eine solche gemeinsame Kompression aller Einzelspuren erklingt das Schlagzeug in seiner Summe mehr als eine Einheit.

Darüber hinaus wurden die Spuren von Kick- und Snare-Drum, inklusive deren Raumanteile, für eine Parallel-Kompression zusätzlich in einen separaten Kanal geroutet.

Parallel-Kompression   Bei einer Parallel-Kompression durchläuft das vorliegende Signal - in diesem Fall ein Sub-Mix von Kick- und Snare-Drum - parallel zum eigentlichen Routing in den Gesamtmix, einen weiteren Kanal, in welchem es separat komprimiert wird. Daraufhin läuft auch dieser „Sidechain" wieder in den weiteren Mix mit ein. Dieser isoliert eingesetzte Kompressor wird mit extremen Werten konfiguriert:

- sehr niedrige Threshold (-40 bis -60 dB), damit der Kompressor auch noch bei sehr leisen Tonanteilen arbeitet
- schnellstmögliche Attack-Zeit, sodass das gesamte Signal inklusive plötzlicher Attacks komprimiert wird
- lange Release-Zeit, um das Signal nicht rhythmisch, sondern vielmehr komplett zu komprimieren

---

[21] Im vorliegenden Mix bestand die Schlagzeugaufnahme aus neun Mikrofonaufnahmen (Kick-Drum, Snare-Drum (Top), Snare-Drum (Bottom), High-Tom, Mid-Tom, Floor-Tom, HiHat, Overhead Links, Overhead Rechts), zusätzlichen Triggersounds für Kick-Drum und Snare-Drum, sowie deren Raumklang.

Das sehr stark komprimierte Signal des Sidechains, für sich besitzt demnach wenig Dynamikumfang und klingt alleine recht flach. Mischt man diesen separaten Kanal aber nur leicht hinzu, so ergänzen sich die zugrundeliegenden Signale mit den parallel Komprimierten (vgl. [Segb]):

Die dynamischen Anschläge der Trommeln, die durch einfache Kompression des Hauptsignals zu sehr an Dynamik einbüßen würden, sind nun weiterhin enthalten, während die gewünschte Kompression deren Nachklangs durch Zumischen des stark komprimierten Parallelsignals justiert werden kann. Dies festigt die Schlagzeug-Schläge als Ganzes und verleiht Ihnen durchgängig mehr Druck ohne dabei die natürliche Dynamik der schnellen Anschläge zu verlieren.

Zur Veranschaulichung, zeigt Abbildung 16 sowohl die Wellenformen der unkomprimierten Schlagzeugsumme, als auch des komprimierten Signals (inklusive des parallel komprimierten Anteils) des bearbeiteten Songs im Vergleich[22].

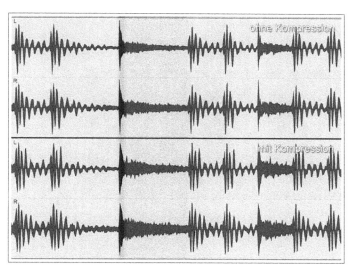

Abbildung 16: Visueller Vergleich der Waveformen von unkomprimiertem und komprimiertem Schlagzeugsignal [23]

Innerhalb der farblich markierten Bereiche findet ein Schlag der Snare-Drum statt. Blau markiert ist dabei der laute schnelle Attack des Schlags, rot deren Nachklang. Während die dezente Kompression der Gesamtsumme optisch nur geringfügig als leichte Stauchung der Wellenform in y-Richtung wahrzunehmen ist, lässt sich der Nutzen der Parallelkompression

---

[22]Um einen direkten Vergleich zu ermöglichen wurden die Pegel beider Signale aufeinander abgestimmt.
[23]Quelle: Danny Meyer

klar erkennen: Der Ausklang des Schlages (rot) weißt im komprimierten Signal unten einen deutlich erkennbar höheren Pegel auf, als im noch unkomprimierten Signal oben. Trotzdem wird die Amplitude des spitzen Ausschlags zuvor - der Anschlag der Trommel (blau) - kaum durch die Kompression beeinträchtigt.

3.2.1.2 E-Bass

Kerbfilter Auch das E-Bass-Signal enthielt nach dem Mixing noch störende Frequenzanteile. Daher wurde ein mehrbandiger parametrischer EQ, mit hohen Q-Faktoren als Kerbfilter, zu deren Reduktion verwendet.

Um den starken Bassanteil des Signals einzudämmen und damit ein Dröhnen um 90 Hz zu verhindern, wurde der Bass dort mit einem Q-Faktor von 2,7 um 10 dB abgesenkt (vgl. Abbildung 17). Der Frequenzbereich um 100 Hz gilt zwar mitunter als Hauptfrequenz von Bassinstrumenten (vgl. [Kai09], S. 706), da das verwendete E-Bass-Signal aber bereits einen intensiven Frequenzanteil in jenem Bereich aufwies, musste dieser beschnitten werden, um nicht andere Bassanteile des Mixes, wie die der Kick-Drum zu übertönen.

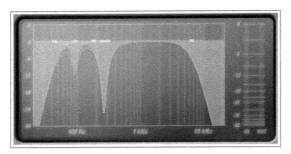

Abbildung 17: Ausschnitt des auf den Bass angewandten Kerbfilters [24]

Das zweite verwendete Band diente einer Absenkung eines nasal klingenden Tonanteils bei einer Mittenfrequenz von 265 Hz, um 25 dB. Mit einem, für einen Filterung relativ niedrig gewähltem, Q-Faktor von 1,7 wurde dieser Bereich stark eingedämmt (vgl. Abbildung 17), was einerseits den nasalen Störton reduzierte, andererseits aber auch den dortigen Frequenzbereich für andere Instrumente freigab. So gilt nämlich der Bereich von 200 Hz bis 300 Hz als besonders wichtig für die empfundene Wärme des Klangs von Harmonie-Instrumente wie E-Gitarren und Keyboards (vgl. [Kai09], S. 706). Dieser wurde zuvor von ohnehin unwichtigen Tonanteilen des E-Basses verdeckt.

Des Weiteren erfuhr das Frequenzbild des E-Basses durch den gleichen EQ eine breite

---

[24]Quelle: Danny Meyer

Bandpass-Filtrierung. Dabei wurde ein steiler Hochpass-Filter mit einer Grenzfrequenz bei 42 Hz und einer Flankensteilheit von 36 db/Oktave, sowie ein Lowpass-Filter bei 6390 Hz mit Flankensteilheit 24 dB/Oktave verwendet (vgl. Abbildung 17). Ersterer diente dabei dem Kappen der nicht hörbaren Frequenzen unterhalb von 20 Hz. Ebenso reduzierte der High-Cut sehr hochfrequente Tonanteile, die für den gewünschten tiefen, druckvollen Klang des E-Basses keine Bedeutung haben.

Multiband-Kompressor   Im Anschluss an die Filterung der Störfrequenzen durchlief das E-Bass-Signal einen Multiband-Kompressor mit vier unterschiedlich konfigurierten Bändern. Deren Einteilung in Frequenzbereiche, sowie die Justierung der Parameter verfolgte je nach Band bestimmte Zwecke, welche im Folgenden erläutert werden.

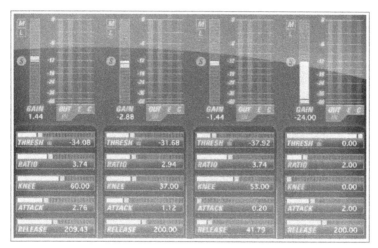

Abbildung 18: Ausschnitt des auf den Bass angewandten Multiband-Kompressors [25]

1. Band (bis 200 Hz): Das unterste Band beinhaltete primär die extrem tieffrequenten Tonanteile des E-Basses, die, wie bereits erwähnt, für den hör- und spürbaren Schubanteil des Basses essentiell sind. Um einen solchen Bassschub, passend zu dem schnellen, treibenden Rhythmus des Songs, durchgängig präsent klingen zu lassen, wurde das Band ausgesprochen stark komprimiert. Eine sehr niedrig gewählte Threshold bei -34 dB, sowie, für das schnelle Tempo, lange Attack- und Release-Zeiten (vgl. Abbildung 18) bei einer Ratio von 3,74:1 plätteten den Dynamikumfang in diesem Band, was einen konsequent treibenden Bassanteil erzeugt. Dieser wurde des Weiteren um 1,44 dB verstärkt.
2. Band (200 Hz bis 1 kHz): Im Frequenzbereich des zweiten Bandes waren hauptsächlich

---

[25]Quelle: Danny Meyer

wichtige Tonanteile und Grundtöne von mittelfrequenten Harmonie- und Melodiein-
strumenten, sowie der menschlichen Stimme enthalten. Auch hier wurden mit einer
Threshold von -31,7 dB, einem Ratio-Verhältnis von fast 3:1 und, relativ betrachtet,
langer Attack- und Release-Zeit, extreme Werte gewählt, um den Dynamikumfang
stark zu glätten und diesen mittenlastigen Bereich soundlich zu festigen. Allerdings
wurde das Band im selben Zuge um fast 3 dB abgesenkt. Dies soll Raum im Frequenzbild für die anderen Instrumente schaffen, deren wesentlichen Toninformationen vor
Allem in diesem Bereich liegen.

3. Band (1 kHz bis 9 kHz): Ungefähr im Bereich von 1 kHz bis 2 kHz befinden sich die Oberen Mitten, sowie im Bereich von 2 kHz bis 10 kHz alle für das menschliche Ohr gut
hörbaren Höhenanteile (vgl. [fai]). Auch wenn der Tiefdruck des E-Basses, wie zuvor
beschrieben, in den tieffrequenteren Bereichen liegt, so ist auch dieser Mittenbereich
sehr wichtig für den warmen Tonanteil des E-Bass-Signals, sowie dessen hochtonige
Plektrum-Anschläge. Aufgrund dessen machte eine Definition des dritten Bandes im
Frequenzbereich von 1 kHz bis 9 kHz und die erneut niedrige Threshold (-37,9 dB) Sinn,
um zum Einen den Tongehalt innerhalb der Mitten zu komprimieren und damit als
flächigen Klang zu kräftigen. Zum Anderen erzeugten die kurz gewählten Attack- und
Release-Zeiten von 0,2 ms bzw. 41,8 ms eine dem Songtempo entsprechende Kompression, um den Klang der harten Saitenanschläge am E-Bass rhythmisch zu verstärken
und diese damit zu definieren. Aufgrund des aggressiven Musikstils des zu bearbeitenden Mixes, war dieser harte Plektrum-Klang am E-Bass erwünscht und verlieh dem
E-Bass einen markanten Sound.

4. Band (ab 9 kHz): Bei der Anwendung des vierten Bandes wurde das Multiband-Kom-
pressor-Plugin auf eine andere Weise verwendet. Da der äußerst hochfrequente Bereich
über 9 kHz (nahezu der sog. Superhochtonbereich ab 10 kHz (vgl. [fai])), lediglich sehr
hohe Obertöne, einiger im Frequenzbild mittig bis hoch angesiedelter Instrumente,
enthält, wies das E-Bass-Signal hier ausschließlich klirrende Störgeräusche und damit
keinerlei wichtige Toninformationen auf. Aus diesem Grund fand der Kompressors
dieses letzten Bandes keine Anwendung (siehe Abbildung 18: Thresholdwert: 0). Das
Band wurde hier, ähnlich einem Shelving-EQ, nur für eine starke Absenkung um 24
dB genutzt, um die störenden hochtonigen Geräusche zu minimieren.

3.2.1.3 Rhythmus-Gitarre

Zunächst galt es auch das Signal der Rhythmus-Gitarre von unerwünschten Störgeräuschen
zu befreien und klanglich aufzuwerten.

Obwohl der Sound einer E-Gitarre selbstverständlich immer einem subjektivem Geschmack
entsprechen sollte, gilt für das rockige, harte Musikgenre des Mixes grundsätzlich ein druck-
voller, voluminöser Gitarrensound, der dennoch eine Verzerrung mit warm klingenden Ober-

tönen liefern kann als wünschenswert. Solch einen warm verzerrten Gitarrenklang können vor Allem leistungsstarke Vollröhrenverstärker liefern (vgl. [Thob]). Da eine hochwertige Aufnahme eines Röhrenverstärkers mit aufwendiger Mikrofonierung und damit erhöhtem Budget verbunden ist, wurden innerhalb dieses Mixes jedoch alle E-Gitarren über einen digitalen Verstärker aufgenommen. Vergleichsweise zur Vollröhrentechnik, neigt dieses digitale Signal zu unangenehmeren Höhen sowie es ihm etwas an eben gewünschter Wärme fehlt (vgl. [Thoa]).

Zum Ausgleich dieses Defizits wurde das BX_Refinement, ein Special Processing-Tool, welches als Kombination aus Filtern und Röhrensimulationen arbeitet, verwendet (vgl. [Braa]). Dezent hinzugemischt rundete dieses Werkzeug einerseits scharfe, minderwertig klingende Obertöne sanft ab. Weiterhin simuliert es auf vollkommen digitalem Wege die typische warme Charakteristik der Röhrentechnik und verlieh dem Signal eine dementsprechende Klangfärbung.

Für die weitere soundliche Aufwertung wurde anschließend ein hochwertiges parametrisches Equalizer-Plugin, der Maag EQ4, eingeschleift. Zunächst wurden für die Gitarre unwichtige Frequenzen (40 Hz, 160 Hz und 650 Hz, siehe Abbildung 19) leicht beschnitten, um mit Hinsicht auf das Frequenzbild anderer Instrumente etwas Raum zu schaffen.

Neben diesen leichten Absenkungen diente jener EQ primär der Anhebung wichtiger Frequenzanteile. Wie in Abbildung 19 zu erkennen, wurde der Sub-Regler des EQ, ein besonders tieffrequentes Band bei 10 Hz, um 3 dB angehoben (vgl. [Maa]). Jene Verstärkung brachte der Gitarrenspur mehr Energie in diesem äußerst tiefen Bassbereich ein. Dies ist zwar aufgrund des begrenzten menschlichen Hörspektrums (vgl. [Sig]) nicht direkt auditiv wahrnehmbar, verlieh dem Signal als Basis aber eine gewisse Festigkeit und ein ausgewogeneres Frequenzbild, welchem es zuvor in jenem Bassbereich an Präsenz gemangelt hatte.

Die zweite Anhebung fand im Bereich um 2,5 kHz statt. „Hier liegt der Signalanteil, den man als „Präsenz" bezeichnet und der sehr für die Durchsetzungsfähigkeit verantwortlich ist." ([Jä])[26] Dementsprechend sorgte ein Boost um 2 dB bei diesem Band für mehr Schärfe und Biss im Signal, sodass dieses sich gegen die anderen Instrumente definierter durchsetzen kann. Des Weiteren verlieh es dem Gitarrensignal eine etwas aggressivere Note, welche dem Musikstil entsprechend eine Aufwertung des Sounds darstellt.

---

[26]Der zitierte Autor bezieht sich auf einen Frequenzbereich von 2 - 4 kHz, welcher den hier bearbeiteten Bereich um 2,5 kHz jedoch beinhaltet.

Abbildung 19: Auf die E-Gitarre angewandter EQ [27]

Zuletzt bietet der genutzte Equalizer ein sog. „Air-Band" mit konfigurierbarer Frequenz. Dieses äußerst hochfrequente Band dient der Verstärkung seidig klingender Höhen und erzeugt damit einen breiteren Raumklang im Signal (vgl. [Maa]). Das vorliegende Gitarrensignal wurde daher bei einer Mittenfrequenz von 5 kHz[28] großzügig um 4,5 dB angehoben und erlangte dadurch jenen sanften Höhenklang, sowie einen transparenteren Sound bzgl. des gesamten Mixes.

3.2.1.4 Lead Vocals

Als mitunter wichtigster Bestandteil eines Stücks der Popularmusik, durchlief auch die Hauptstimme nach dem Mixing noch einige Bearbeitungsschritte innerhalb der Masteringkette.

Equalisation Wie auch auf die Rhythmus-Gitarre wurde auf die Hauptstimme das Air-Band des Maag EQ4 angewandt. In diesem Fall wurde das Signal bei einer Mittenfrequenz von 20 kHz um 2,5 dB verstärkt. Dieser Boost am frequentiell oberen Ende des menschlichen Hörvermögens (vgl. [Sig]), erzeugte wie schon innerhalb des Gitarrensignals eine gewisse Luftigkeit und somit einen angenehmeren Höreindruck im äußerst hochfrequenten Tonbereich.

Darauf folgend wurde ein weiterer parametrischer Equalizer zur Klangaufbereitung der Stimme genutzt (siehe Abbildung 20).

---

[27]Quelle: Danny Meyer
[28]Hierbei handelt es sich mitunter um den Präsenzbereich von Gitarren innerhalb der mittleren Höhen (vgl. [Kai09], S. 707; [fai]).

Wichtige Frequenzanteile, die für die Sprachverständlichkeit einiger Konsonanten, wie S- und Zischlauten von Bedeutung sind erstrecken sich bis zu Frequenzbereichen über 10 kHz (vgl. [Tro], S. 16f; [Cur], S. 9). Aus diesem Grund wurde die Stimme zu Gunsten einer besseren Textverständlichkeit innerhalb des Bereichs von ca. 10-12 kHz um 9 dB angehoben (vgl. [Unic] S. 327f). Diese Anhebung verlieh den Lead Vocals die nötige Höhenbrillanz, um auch innerhalb des Mixes eine durchgänging klare Verständlichkeit des Textes zu garantieren.

Ebenso wirkte sich die dezente Erhöhung bei einer ungefähren Mittenfrequenz von 1,4 kHz (vgl. Abbildung 20) positiv auf die Sprachverständlichkeit der Stimme aus. Jener Boost bestand zwar nur aus einer Anhebung um ca. 1 dB, wirkte sich jedoch mit einem breitbandig gewählten Q-Faktor auf einen breiten Frequenzbereich aus, auf welchen das menschliche Ohr besonders empfindlich reagiert:

Abbildung 20
Auf die
Lead-Vocals
angewandter
EQ [29]

„Die Hörschwelle hängt in hohem Masse von der Frequenz ab. Zur Wahrnehmung sehr tiefer und sehr hoher Töne ist ein weitaus höherer Schalldruck erforderlich als für Töne mittlerer Frequenzen. Die höchste Empfindlichkeit zeigt das menschliche Ohr für Frequenzen zwischen 500 und 5000 Hertz (...)" ([Aku]; sic!)

Kompression Besonders bei der Bearbeitung der Lead Vocals spielt die Kompression eine wichtige Rolle; insbesondere dann, wenn sich die Stimme bei intensiver, lauter Instrumentierung gegen alle anderen Bestandteile der Musik durchsetzen muss. Denn vor Allem Gesangsspuren neigen häufig zu einer besonders unausgewogenen Dynamik: Abhängig von Qualität, Talent und Stimme des Sängers, klingen je nach Gesangsausdruck oder Abstand zum Mikrofon verschiedene gesungene Phrasen nie gleich laut. Natürlich erzeugen dabei unterschiedlich laute Gesangsweisen auch durchaus gewollte Effekte wie besondere Klangfärbungen der Stimme. Um diesen enormen Dynamikumfang jedoch auszugleichen lohnt es sich besonders die Lead Vocals stark zu komprimieren.

Demzufolge durchliefen auch die Lead Vocals im bearbeiteten Song einen intensiv arbeitenden Kompressor.

---

[29]Quelle: Danny Meyer

Abbildung 21: Auf die Lead-Vocals angewandter Kompressor [30]

Entwickelt als Emulation eines voll analogen Geräts von 1967 verfügt der auf die Stimme angewandte Kompressor über eine alternative Parameterstruktur (siehe Abbildung 21). An Stelle von Threshold sowie Gain, kommen ein Input- und Output-Regler zum Einsatz. Mit Hilfe des Input-Reglers wird hier der Grad der Verstärkung, sowie die relative Threshold[31] konfiguriert, wobei eine Drehung im Uhrzeigersinn eine Erhöhung des Kompressionsgrades darstellt (vgl. [Unib], S. 545). Durch den nebenstehenden Output-Regler kann der Pegel des ausgehenden Signals definiert werden. Infolgedessen ergibt sich durch die Kombination von Input- und Output-Pegel das angewandte Kompressionsverhältnis, sowie dessen Verstärkung.

Im gemasterten Stück wurde demnach mit einem stark komprimierendem Input-Wert von ca. 18 (bzw. einer Einstellung auf 1 Uhr) und der zusätzlich definierten Ratio von 4:1 eine intensive Kompression gewählt (siehe Abbildung 21). Der eingestellte Output-Wert von 24 (bzw. 12 Uhr) erzeugt des Weiteren die maximal mögliche Verstärkung des Signals bevor dieses mit seinen Extremwerten den 0 dB-Pegel überschreiten und verzerren würde (siehe Abbildung 21).

Ebenso bezeichnen auch die Werte neben den Reglern der Zeit-Parameter keine fest definierten Zeit-Werte. In deren Fall bedeutet eine Drehung im Uhrzeigersinn eine schnellere, also kürzere Zeit. Wobei die angewandte Einstellung bei ca. 3 beider Parameter trotz dessen lediglich eine Attack-Dauer von ca. 200 μs und eine Release-Dauer von ca. 200 ms bedeutet. Beide Zeiten sind dementsprechend nicht zu gering gewählt, um den Gesang zu plötzlich und abrupt zu komprimieren. Dennoch greift die Kompression mit solch kurzer Attack-Zeit sehr schnell bei ausreichendem Eingangspegel und endet mit jener Release-Zeit zwar relativ schnell, jedoch ohne die Gefahr das Signal zu beschneiden.

3.2.2 Stereo-Mastering

Nach der Aufbereitung der einzelnen STEMs durchlief die ausgehende Stereosumme noch die im Folgenden beschriebenen Plugins, welche sich als Stereo-Mastering zusammenfassen lassen.

---

[30]Quelle: Danny Meyer
[31]Die nebenstehenden Zahlenwerte bezeichnen in diesem Fall irritierenderweise keine dB-Werte. (vgl. [Unib], S. 545)

3.2.2.1 Hochpass-Filter

Zunächst wurde ein Hochpass-Filter bei 40 Hz mit einer Flankensteilheit von -12 dB/Oktave eingeschleift. Jener Low-Cut diente in diesem Fall weniger einem hörbaren klangveränderndem Zweck, als vielmehr einer Mäßigung der sehr energiereichen tiefen Frequenzen. Betrachtet man die menschliche Hörschwelle, fällt unterhalb von 1 kHz mit sinkender Frequenz eine sinkende Empfindlichkeit in der Lautstärke-Wahrnehmung des menschlichen Ohrs auf (vgl. [Bru]). Frequenzen unter 15 Hz nimmt das Ohr rein gar nicht wahr.

Dennoch waren diese Frequenzanteile im Mix vorhanden und trugen einen nicht unerheblichen Teil des Pegels bei, welcher nachfolgend von Dynamikprozessoren als Eingangspegel interpretiert worden wäre. Um zu verhindern, dass diese nicht hörbaren Bestandteile die gemessene Lautheit bei anschließender Kompression unnötig steigern, senkte der eingesetzte Highpass-Filter eben diese ab bzw. löschte sie komplett aus.

3.2.2.2 Stereo-Kompressor

Folgend komprimierte ein Stereo-Kompressor, mit der in Abbildung 22 veranschaulichten Konfiguration, die Audiosumme.[32]

Abbildung 22: Parameter-Ausschnitt, des auf die Stereosumme angewandten Kompressors [33]

Wie zu erkennen ist, wurde dabei mit einer Threshold von -3 dB und einer Ratio von 1:1,5 eine relative dezente Kompression gewählt. Die dabei entstehende Reduzierung der Lautheit wurde mit einer Verstärkung um +3 dB kompensiert. Um die in 2.2.1 aufgezeigten Ziele einer Kompression zu erreichen, wurden Attack- und Release-Zeit dem Tempo des Songs angepasst.

---

[32] Abbildung 22 zeigt lediglich die linke Seite des Kompressors zur Regelung des linken Mono-Kanals der Stereosumme. Der rechte Kanal besaß die exakt gleiche Konfiguration.
[33] Quelle: Danny Meyer

Der vorliegende Song besitzt ein Tempo von 200 bpm.[34] Aus dieser Angabe lassen sich genaue Zeitwerte für die Dauer verschiedener Notenwerte errechnen. Demnach ergibt sich die Dauer einer Viertelnote aus $\frac{s}{bpm}$, in Millisekunden also aus $\frac{60000ms}{bpm}$. Bei dem vorliegenden Tempo von 200 bpm dauert eine Viertelnote (oder ein Schlag) somit 300 ms. Die eingestellte Release-Zeit (siehe Abbildung 22), zwischen 150 ms und 300 ms lag demnach nur knapp unter eben dieser errechneten Dauer. Zwar wird ein solcher Wert durch einen erfahrenen Engineer letztendlich natürlich nach Gehör konfiguriert, jedoch spiegelt der gewählte Wert die Funktionsweise eines Kompressors, angepasst an das vorliegende Tempo, wider:

Die Kompression der einzelnen Schläge - vor allem bemerkbar bei den Schlägen der Kick- und Snaredrum des Schlagzeugs - erfolgte folglich immer fast den ganzen Schlag über. Durch eine etwas kürzere Release-Zeit als die Dauer ,die ein Schlag benötigt, entsteht allerdings ein sehr kurzer Zeitraum zwischen den Viertelnoten, in dem keine Kompression erfolgt. Genau diese kurzen unkomprimierten Pausen intensivieren den Höreindruck der Verstärkung der einzelnen Schläge umso mehr. Auf diese Weise erzeugte der Kompressor einen Knall-Effekt der Schlagzeugschläge, was der Musik einen, dem Genre entsprechenden, druckvolleren Klang verlieh.

Ebenso benötigte es eine Attack-Dauer von 150 ms - also die Dauer einer Achtelnote bzw. einer halben Viertelnote - bis eine vollständige Kompression erfolgte, was die Dynamik schneller Perkussionsschläge erhielt und damit ebenso jenen Knall-Effekt intensivierte.

Des Weiteren wurde über den vorhandenen Mix-Regler mit einem Wert von ca. 50% das Verhältnis von komprimiertem (Wet) zu eingehendem Signal (Dry) auf ungefähr 50:50 festgelegt, um die Kompression nicht zu intensiv zu gestalten.

3.2.2.3 4-Band-Stereo-EQ

Anschließend erfuhr die gesamte Stereosumme eine Klangfärbung durch einen vierbandigen, parametrischen Equalizer (vgl. Abbildung 23[35]). Dabei diente jedes Band einem bestimmten Zweck:

1. Band bei 68 Hz Eine Anhebung um etwa 4 dB bei einer Mittenfrequenz von 68 Hz (vgl. Abbildung 23) sorgte für mehr Energie im Bassbereich und ließ den Mix gewissermaßen voluminöser klingen. In Kombination mit dem zuvor gesetzten Low-Cut wurde hier nämlich mit einem relativ eng gewählten Band der - nach dem Low-Cut - tiefste Anteil des Frequenzbereichs noch einmal angehoben. Dieser Frequenzbereich macht im Zusammenhang

---

[34]„Die Abkürzung bpm steht für das englische beats per minute, Schläge pro Minute. Anhand dieser Größe wird oft die Geschwindigkeit eines Musikstückes ausgedrückt. Die Zahl bezieht sich dabei in der Regel auf die Anzahl der Viertel-Noten oder die betonten Schläge pro Minute ([Hoc])."
[35]Linker und rechter Kanal sind in diesem Fall gekoppelt und exakt gleich konfiguriert.

vor allem mit Hinblick auf die Wahrnehmbarkeit von Musik durch das menschliche Ohr Sinn, welche laut Hörfläche[36]bis minimal 50 Hz reicht.

Abbildung 23: Auf die Stereosumme angewandter Stereo-EQ [37]

2. Band bei 180 Hz   Bei 180 Hz erfolgte weiterhin eine sehr engbandige, dezente Absenkung um etwa 1,5 dB (vgl. Abbildung 23). In diesem Frequenzbereich liegen vor allem die als dröhnend empfundenen Anteile des Schlagzeugs - insbesondere der Kick-Drum - und des E-Basses. Eben dieser Frequenzbereich neigte im vorliegenden Mix, aufgrund des hohen Tempos und der starken Präsenz von Drums und E-Bass, zu einem verwaschenen, undefinierten Bassklang und überlagerte andere Instrumente im Gesamtklangbild.

Eine leichte Absenkung bei 180 Hz wirkte diesem Problem entgegen, sorgte für einen transparenten, präziseren Bassklang und schuf Raum für alle weiteren Elemente innerhalb der Stereosumme.

3. Band bei 1 kHz   Mit Hilfe des dritten Bandes fand eine leichte Anhebung innerhalb eines relativ breiten Bereichs bei der Mittenfrequenz 1 kHz um ca. 1,5 dB statt (vgl. Abbildung 23). Der breite Frequenzumfang des Bandes lag demnach wiederum im Bereich jener Mitten, auf die das meschliche Gehör besonders empfindlich reagiert (vgl. ([Aku]); Equalisation Lead Vocals).

Des Weiteren beinhalten diese Mitten den „Grundtonumfang sehr vieler akustischer Instrumente" ([fai]) und sind im unteren Frequenzbereich „in hohem Maße entscheidend für die empfundene Wärme und Fülle des Klangbildes" ([fai]). Um deshalb diesen essentiellen Bereich zu mehr Durchsetzungsvermögen und einer deutlicheren Kontur von Melodie- und Harmonieinstrumenten zu verhelfen, wurde das dritte Band um 1,5 dB angehoben (vgl. Abbildung 23).

---

[36]„Unter Hörfläche versteht man den von Frequenz und Schalldruck bestimmten Bereich, in dem Schall für das menschliche Ohr wahrnehmbar ist ([Sig])."
[37]Quelle: Danny Meyer

4. Band bei 16 kHz Das letzte Band des Equalizers wurde als Shelving-EQ mit sehr niedrigem Q-Faktor, also folglich mit einer sanft ansteigenden Flanke, bei der Grenzfrequenz 16 kHz genutzt (vgl. Abbildung 23). Somit wurden alle Frequenzanteile über 16 kHz um ca. 4 dB angehoben. Ähnlich wie bereits bei der Equalisation von Rhythmus-Gitarre und Lead Vocals durch das „Air"-Band des Maag EQ4 (vgl. Kapitel) erfuhr hier demnach der sog. Superhochtonbereich eine Verstärkung.

> „Die Wahrnehmung feiner Luftigkeit im Klangbild, von Air, wie es im englischen Sprachraum heißt, wird maßgeblich von den höchsten Frequenzlagen vermittelt, was gleichzeitig dazu führt, dass der Eindruck eines fast grenzenlos nach oben offenen Hochtons entsteht. Ein diesbezüglicher Mangel führt nicht selten dazu, dass auch der empfundene Raumeindruck, die Bühnenhöhe ungewohnt niedrig gerät ([fai])."

Folglich verlieh diese Anhebung durch das vierte Band dem Gesamtmix einen seidigeren, angenehmeren Höhenklang und ließ ihn auf diese Weise breiter und größer wirken.

3.2.2.4 Special Processing

Nach der klanglichen und dynamischen Bearbeitung durchlief das Stereosignal am Ende noch einige Plugins, welche nicht eindeutig einer bestimmten Oberkategorie nach Funktionsweise zugeordnet werden können und demnach an dieser Stelle als Special Processing bezeichnet werden.

Stereo-Verbreiterung Sehr dezent wurde an dieser Position der Masteringkette das sog. „Precision K-Stereo Ambience Recovery Plug-In" von Universal Audio eingesetzt, durch welches der Panoramaklang des Mixes noch etwas mehr an Breite gewann. Dieses bedient sich dabei nicht der in Kapitel 2.4 erläuterten M/S-Technik, sondern fügt den bereits vorhandenen Raumanteilen eines Mixes mehr Tiefe und Breite mit Hilfe psychoakustischer Prinzipien hinzu (vgl. [S.E]; [Unia], S. 441). Unter anderem bedient sich jenes Plugin dabei des sog. „Haas-Effektes". Dieser besagt, dass die Ortung von Schall durch das menschliche Gehör vom ersten eintreffenden Schallereignis abhängt, während die Stärke einer Reflexion des selbigen die wahrgenommene Räumlichkeit bestimmt (vgl. [IT-b]).

Normalisierung Als letzter Schritt des Stereo-Masterings folgte anschließend die Normalisierung, also die Erhöhung der Lautstärke des Musikstücks. Hierzu wurde ein sog. „Maximizer"-Plugin genutzt, welches grundsätzlich als Verstärker fungiert, dabei das verstärkte Eingangssignal allerdings folgend - in der verwendeten Konfiguration - über drei verschiedene Bänder limitiert und auf einen eingestellten, maximalen Output-Pegel anhebt (vgl. Abbildung 24). Das Plugin beinhaltet des Weiteren eine „Shape"-Funktion, welche die Wärme und

Sättigung der stattfindenden Verstärkung beeinflusst und im geringen Maße stattfindende
Verzerrungen verhindert. ([Unia], S. 459ff).

Abbildung 24: Auf die Stereosumme angewandter Maximizer [38]

Wie in Abbildung 24 zu erkennen ist, wurde die Stereosumme zuerst um 6,6 dB angehoben
und nach intensiver Kompression auf einen maximalen Pegel von -0,1 dB angehoben. Da
dieses stark limitierte Signal zu Gunsten der Lautstärke jedoch etwas zu viel an Dynamikumfang einbüßen musste, wurde mit Hilfe des vorhandenen Mix-Parameters ein Verhältnis
von 71:29 zwischen Eingangs- und Ausgangssignal definiert (vgl. Abbildung 24). Hier fand
somit wiederum eine Parallelkompression, ähnlich der Schlagzeugsumme (vgl. 3.2.1.1) statt.

Mit dieser finalen Pegelerhöhung und der damit einhergehenden Limitierung befand sich der
Mix nun auf dem Lautstärke-Niveau eines modernen Musikstücks der Popularmusik.

---

[38]Quelle: Danny Meyer

4 Webbasierte Anwendung:
Simulation von STEM- und Stereo-Mastering

Zur Veranschaulichung und der interaktiven Simulation des in Kapitel 3 behandelten Mastering-Prozesses wurde im Rahmen dieser Arbeit jeweils zu STEM-, sowie Stereo-Mastering eine webbasierte Anwendung entwickelt. Innerhalb dieser Anwendungen sollte es dem Benutzer ermöglicht werden den Nutzen des Masterings im Studio[39] am eigenen Rechner über den Webbrowser, durch selbstständige Interaktionen nachzuvollziehen.

Um die, während des Masterings verwendeten, leistungsstarken Plugins zu simulieren und die zu übertragende Datenmenge zu reduzieren arbeiten jene Applikationen mit zuvor aufgenommenen Mixdowns in Form von Dateien im MP3-Format (bzw. offline auch WAV-Format)[40]. Beide Anwendungen basieren dabei strukturell auf einem einfachen HTML-Dokument (index.html), das ausschließlich durch eine CSS-Datei (standard.css) formatiert und designed wurde. Die angewendeten Funktionen wurden innerhalb des HTML-Dokuments mit Javascript implementiert. Zudem nutzen die zwei Simulationen den gleichen 1:31 minütigen Abschnitt des gemasterten Mixes, welcher vier unterschiedliche Songabschnitte beinhaltet.

Auf diese Weise sollte garantiert werden, dass eine unkomplizierte, vielseitig kompatible Nutzung (ohne serverseitige Berechnung) vieler Anwender garantiert wird und die, durch Audiodaten bereits erhöhte Datenmenge möglichst gering gehalten werden kann.

4.1 Mixing Konsole zur Simulation von STEM-Mastering

Zur Verdeutlichung des STEM-Mastering-Prozesses wurde eine Anwendung entwickelt, welche die in Kapitel 3.2.1 behandelten Submixes (STEMs) als einfache Kanäle bereitstellt, für die das Mastering, also die im Mastering verwendeten Plugins, aus- und zuschaltbar sind. Für einen vollständigen Song sind alle weiteren Spuren als „Rest"-Spur zusammengefasst.

Auf der, dieser Arbeit beigefügten DVD befinden sich alle zur Anwedung zugehörigen Dateien in dem Ordner „Anwendung 1: Mixing Console STEM-Mastering". Die Anwendung wird über das Öffnen der Datei „index.html" mit einem Browser gestartet[41].

4.1.1 Grafische Oberfläche und Nutzung

Ähnlich einer virtuellen Mixing-Konsole innerhalb moderner DAWs stellt die implementierte Anwendung für jedes STEM (Drums, Bass, Rhythm Guitar, Lead Vocals, Rest) einen

---

[39]Die Simulationen wurden mitunter für die Verwendung als Referenz einer Tonstudio-Website entwickelt.

[40]Da die Nutzung von MP3-Dateien aufgrund der deutlich kleineren Datenmenge, klangliche Verluste mit sich bringt, ist es für eine effektive Beurteilung der feinen Klangunterschiede insbesondere deswegen entscheidend eine möglichst, hochwertige Abhöranlage während der Nutzung beider Simulationen zu verwenden.

[41]Die Funktionalität der Anwendung wurde mit Mozilla Firefox und Google Chrome getestet und funktioniert. Die Darstellung in Mozilla Firefox ist korrekt; in Google Chrome erscheinen die Fader in einer fehlerhaften Größe.

Kanalzug zur Verfügung (vgl. Abbildung 25). Jeder Kanalzug bietet wiederum pro STEM
einen separaten Lautstärkeregler, sowie die Möglichkeit des Stummschaltens über den Mute-
Button „M" und des Soloschaltens über den Solo-Button „S" (vgl. Abbildung 25). Während
parallel mehrere Spuren (keine bis alle) stumm geschaltet werden können, ist die Soloschaltung einer Spur immer exklusiv, also nur für eine Spur verfügbar.

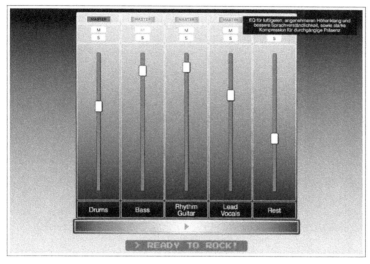

Abbildung 25: GUI der webbasierten Mixing Konsole [42]

Mit Ausnahme der „Rest"-Spur besitzt des Weiteren jedes STEM einen grünen „MASTER"-
Button, über welchen sich je STEM die Mastering-Kette aktivieren oder deaktivieren lässt.
Fährt der Nutzer mit der Maus darüber, erklären diese Buttons außerdem in Form von
Tooltips, welche Art von Plugins auf die jeweilige Spur angewendet wurden (vgl. Abbildung
25). Alle Buttons („M", „S" und „MASTER") zeigen weiterhin über Farbeffekte an, ob sie
aktiv sind. Unterhalb des Mixers befindet sich zudem eine breite Play/Pause-Schaltfläche
mit derer die Wiedergabe gestartet und ggf. pausiert werden kann[43]. Darunter wird außerdem eine Konsole angezeigt, die den Text „Files are loading..." aufweist, bis alle benötigten
Audiodaten geladen sind und bereit zur vollständigen Wiedergabe. Ist dies der Fall ändert
sich der Konsolentext in „READY TO ROCK !".

---

[42]Quelle: Danny Meyer
[43]Wird der Song gerade wiedergegeben, so zeigt die Schaltfläche ein Pause-Icon an. Anderenfalls wird ein
  Play-Icon dargestellt.

4.1.2 Funktionen und innere Struktur

Die grundlegende Struktur der Mixing Konsole stellt eine Tabelle innerhalb des HTML-Dokuments dar. Außerdem werden zu Beginn des voran stehenden Javascript-Skriptes alle nötigen Array-Einträge initialisiert.

```
1  <script language="javascript" type="text/javascript">
2    //(...)
3    var array = new Array();
4    array[0] = new Array();
5    //Vier weitere mehrdimensionale Arrays fuer vier weitere STEMs
6    array[0][0] = 'drums_1';
7    //Zuweisung dreier weiterer IDs der <audio>-Elemente (gemastert),
        Zuweisung der ID der "Rest"-Spur
8    array[3][0] = 'drums_1';
9    //Zuweisung dreier weiterer IDs der <audio>-Elemente (gemastert)
10   array[4][0] = 'drums_0';
11   //Zuweisung dreier weiterer IDs der <audio>-Elemente (ungemastert)
12   //(...)
13  </script>
14  <body>
15    <audio id="drums_1" src="./Audio/drums_1.mp3"
        oncanplaythrough="readyToPlay()" loop>Drums</audio>
16    //Drei weitere <audio>-Elemente fuer weitere Audio-Dateien (gemasterte
        Versionen)
17    <audio id="drums_0" src="./Audio/drums_0.mp3"
        oncanplaythrough="readyToPlay()" loop>Drums</audio>
18    //Drei weitere <audio>-Elemente fuer weitere Audio-Dateien (ungemasterte
        Versionen), sowie <audio>-Element fuer "'Rest'"-Spur
19    <table id="mixer">
20      <tr>              // MASTER-Buttons
21        <td>
22          <div class="tooltip">
23            <button class="masterb" onclick="changeMaster('0')" id="0BMA">
24            MASTER
25            </button>
26            <span class="tooltiptext">"Auszugebender Tooltiptext"</span>
27          </div>
28        </td>
29        //Vier weitere <td>-Elemente fuer vier weitere MASTER-Buttons
30      </tr>
31      <tr>              // Mute- und Solo-Buttons
32        <td>
33          <button onclick="changeMute('0')" id="0BM">M</button>
34          <button onclick="changeSolo('0')" id="0BS">S</button>
35        </td>
36        //Vier weitere <td>-Elemente fuer vier weitere Mute- und Solo-
```

```
              Buttons
37    </tr>
38    <tr>              // Fader (<input>-Elemente)
39      <td class="fader">
40        <input class="fader" id="volume_0" type="range" min="0"
                value="90" max="100" onchange="changeVol('0')"
                orient="vertical" />
41      </td>
42      //Vier weitere <td>-Elemente fuer vier weitere Fader
43    </tr>
44    <tr>              // Spurtitel
45      <td>
46        Drums
47      </td>
48      //Vier weitere <td>-Elemente fuer vier weitere Spurtitel
49    </tr>
50    </table>
51    <table id="buttons">          // Play-/Pause-Button in separater Tabelle
52      <tr>
53        <td>
54          <button id="startbutton" onclick="sorp()" class="buttons"
                  style="background: url(src/play.png) no-repeat center;
                  background-size: 5% auto;"></button>
55        </td>
56      </tr>
57    </table>
58    <table id="console">          // Text-Konsole in separater Tabelle
59      <tr>
60        <td>
61          <div id="ausgabe">&gt; Files are loading...</div>
62        </td>
63      </tr>
64    </table>
65  </body>
```

Listing 1: Mixer - HTML-Struktur (Ausschnitt: index.html)

Listing 1 zeigt die Initialisierung benötigter Arrays, die HTML-Struktur und einzelnen Elemente innerhalb des <body>-tags am Beispiel eines STEMs. Als Grundlage sind die genutzten Audio-Dateien über <audio>-Elemente eingebunden (vgl. Listing 1 Zeile 14-17). Für jedes STEM (mit Ausnahme der „Rest"-Spur) existiert sowohl seine gemasterte Version, als auch ungemasterte Version als Audio-File, welche beide als separate <audio>-Elemente vorhanden sind[44]. Als eindeutige ID ist jedem dieser Elemente der zugehörige Dateiname (ohne Dateiendung) zugewiesen und das Attribut „loop" gesetzt, welches bewirkt, dass das

---

[44]Wie in Listing 1 am Beispiel der Drums-Spur zu erkennen, ist jedes gemasterte Audio-File nach dem Schema spurname_1.mp3 und jedes ungemasterte nach Schema spurname_0.mp3 benannt.

<audio>-Element in Endlosschleife abgespielt wird. Außerdem wird durch das Event „oncanplaythrough" die Funktion readyToPlay(), siehe 4.1.2.1, aufgerufen, sobald eine Audio-Datei komplett geladen ist, um vollständig abgespielt zu werden.

Zu Beginn des Skriptes werden mehrdimensionale Arrays initialisiert. In den Zeilen 2-3 wird zunächst ein Haupt-Array und darin pro STEM ein mehrdimensionales Array erzeugt. Die IDs der <audio>-Elemente, welche die gemasterten Audio-Files enthalten werden im Array bei Index 3 des Haupt-Arrays gespeichert, die IDs der ungemasterten Elemente im Array bei Index 4 (vgl. Listing 1 Zeile 8-11). Das Array bei Index 0 enthält stets die IDs der aktuell aktiven Audio-Files. Dieses wird anfangs ebenfalls mit den IDs der gemasterten <audio>-Elemente, sowie dem <audio>-Element der „Rest"-Spur versehen (vgl. Listing 1 Zeile 6-7).

Des Weiteren enthält Listing 1 die Tabellenstruktur der Mixing-Konsole (<table>-tag mit ID „mixer"). Wie auch optisch dargestellt, stehen die jeweiligen Betitelungen der Spuren in den Zellen (<td>) der untersten Reihe (<tr>) der HTML-Tabelle (vgl. Listing 1 Zeile 44-49).

In den Zellen der Reihe darüber befinden sich <input>-Elemente, welche durch den Wert „range" des type-Attributes als Fader fungieren (vgl. Listing 1 Zeile 38-43). Diese besitzen den Minimalwert 0 (min-Attribut), den Maximalwert 100 (max-Attribut) und sind bei Initialisierung auf den Wert 90 eingestellt (value-Attribut). Durch das Event „onchange" wird bei jeder Veränderung des <input>-Elements (Bewegen des Reglers und damit Erhöhung/ Verminderung des value) die Methode changeVol() aufgerufen, siehe 4.1.2.2, welche die, dem zugehörigen <audio>-Element zugewiesene, ID übergibt.

Die Reihe über den Fadern enthält Zellen, welche die Mute- und Solo-Buttons des jeweiligen Kanals beinhalten (vgl. Listing 1 Zeile 31-37). Diese schließen je zwei <button>-Elemente als Mute-Button „M" und Solo-Button „S" ein. Beide besitzen je eine eindeutige ID als Kombination der passenden Einziffer-ID des zugehörigen <audio>-Elements und dem Kürzel 'BS' bei einem Solo-, sowie 'BM' bei einem Mute-Button. Bei Klick (Event-Handler „onclick") auf den jeweiligen Button wird je nach Funktion die Methode changeMute(), siehe 4.1.2.3, bzw. changeSolo(), siehe 4.1.2.4, aufgerufen und dabei die zugehörige, einziffrige ID übergeben.

Innerhalb der Zellen der obersten Tabellenreihe befinden sich des Weiteren jene <button>-Elemente, die pro Spur als An- und Ausschalter des Masterings agieren (vgl. Listing 1 Zeile 20-30). Wird ein solcher geklickt, ruft dies die für die Simulation, essentielle Funktion changeMaster(), siehe 4.1.2.5, auf und übergibt ihr als Parameter die dem Kanal zugeordnete Einziffer-ID. Die IDs der Buttons selbst ergeben sich wiederum aus jener Einziffer-ID und dem Kürzel 'BMA'. Außerdem beinhalten diese Tabellen-Zellen je ein <span>-Element, das den auszugebenden Tooltip-Text enthält[45].

---

[45]Die Ausgabe der Tooltips erfolgt über CSS, durch die Zuordnung der <button>- und <span>-Elemente zu bestimmten Klassen.

Unterhalb der Tabelle „mixer" befindet sich weiterhin ein Button zum Aufruf der sorp()-Methode („StopOrPlay", siehe 4.1.2.6), die dem Start bzw. Pausieren der Wiedergabe dient, innerhalb einer separaten Tabelle (vgl. Listing 1 Zeile 51-57), sowie ein <div>-tag, der als Konsole zur Textausgabe dient, ebenfalls in einer gesonderten Tabelle (vgl. Listing 1 Zeile 58-64).

4.1.2.1 readyToPlay()-Methode

Um zu garantieren, dass eine Wiedergabe erst möglich ist, wenn alle Audio-Dateien vollständig geladen sind, überprüft die readyToPlay()-Methode ob alle benötigten Dateien bereit sind und schaltet ggf. die Wiedergabe frei.

```
 1  <script language="javascript" type="text/javascript">
 2    //Initialisierung Variablen
 3    var loaded = 0;
 4    var readyplay = false;
 5    //(...)
 6    function readyToPlay()
 7    {
 8      loaded++;
 9      if (loaded >= 9)
10      {
11        readyplay = true;
12        for (i = 0; i <= 3; i++)
13        {
14          document.getElementById(array[4][i]).muted = true;
15        }
16        document.getElementById('ausgabe').innerHTML = "&gt; READY TO ROCK
             !";
17      }
18    }
19    //(...)
20  </script>
```

Listing 2: readyToPlay()-Methode - (Ausschnitt: index.html)

Zu Beginn des Javascript-Skriptes werden zum Nutzen der readyToPlay()-Methode unter Anderem zwei Variablen initialisiert (vgl. Listing 2 Zeile 2-4):

Die Variable „loaded" fungiert als einfacher Zähler für die Anzahl der bereits geladenen Audio-Dateien und wird deshalb zu Beginn mit dem Wert 0 initialisiert. Als boolesche Variable, dient „readyplay" unterdessen als eine Art Wiedergabesperre und wird true gesetzt sobald alle Files vollständig durch den Browser geladen wurden.

Wird für ein <audio>-Element das Event oncanplaythrough ausgelöst, so ruft dieses die readyToPlay()-Methode auf und erhöht zunächst den Zähler loaded um 1 (vgl. Listing 2 Zeile 8). Anschließend überprüft die Methode ob loaded bereits den Wert 9 - nämlich die Anzahl aller verwendeten Audio-Dateien - erreicht hat (vgl. Listing 2 Zeile 9). Ruft demnach das letzte <audio>-Element die Funktion auf, so wird die Bedingung erfüllt und die if-Anweisung ausgeführt (vgl. Listing 2 Zeile 10). Diese setzt die readyplay-Variable true, welche daraufhin wiederum von der sorp()-Methode, siehe 4.1.2.6, überprüft wird. Des Weiteren führt sie eine for-Schleife zum Stummschalten der zu Beginn nicht benötigten ungemasterten Audio-Dateien[46]durch und ändert ihrer Grundfunktion entsprechend den Text des <div>-Elementes mit ID 'ausgabe', welches die Konsole darstellt auf "> READY TO ROCK!" (vgl. Listing 2 Zeile 11-18).

4.1.2.2 changeVol()-Methode

Für die Regelung der Lautstärke der einzelnen STEMs ist die changeVol()-Methode entscheidend, welche durch den onchange-Event-Handler der <input>-Elemente immer dann aufgerufen wird, sobald deren Wert verändert, also der Regler eines Kanals bewegt wird.

```
1  <script language="javascript" type="text/javascript">
2  //(...)
3  //Change-Volume-Methode: Veraendert die Lautstaerke der uebergebenen Spur
4  function changeVol(elementId)
5  {
6    if (elementId > 3)
7    {
8      document.getElementById(array[0][elementId]).volume = document.
          getElementById('volume_'+elementId).value / 100;
9    }
10   else
11   {
12     document.getElementById(array[3][elementId]).volume = document.
          getElementById('volume_'+elementId).value / 100;
13     document.getElementById(array[4][elementId]).volume = document.
          getElementById('volume_'+elementId).value / 100;
14   }
15 }
16 (...)
17 </script>
```

Listing 3: changeVol()-Methode - (Ausschnitt: index.html)

Bei Aufruf der changeVol()-Methode wird je nach benutztem Fader, die Einziffer-ID der zugehörigen Audio-Datei als lokale Variable „elementID" übergeben (vgl. Listing 3 Zeile 4). Da der „Rest"-Kanal als einzige Spur über keine alternative Master-Version verfügt, wird sie

---

[46]Hierfür werden die IDs des im Haupt-Array auf Index 4 gespeicherten Arrays genutzt.

gesondert behandelt. Zunächst überprüft eine if-Anweisung, ob die übergebene elementID größer als 3 ist. So wird bei der elementID 4[47], eine Lautstärke-Veränderung des „Rest"-Kanals vorgenommen und hierbei lediglich das volume-Attribut des array[0][4] zugewiesenen <audio>-Elements angepasst (vgl. Listing 3 Zeile 8). Bei einer ID kleiner oder gleich 3 hingegen, werden pro STEM je die gemasterte, als auch die ungemasterte Version in ihrer Lautstärke bearbeitet, um beim möglichen Umschalten der Files die im Mixer konfigurierte Lautstärke beizubehalten. Der Zugriff auf die <audio>-Elemente erfolgt dabei über die in den Arrays bei array[3] und array[4] gespeicherten IDs (vgl. Listing 3 Zeile 12-13).

Zugewiesen wird jedem volume-Attribut je ein Wert zwischen 0 als Minimalwert und 1 als Maximalwert. Um diesen Wert zu errechnen wird über die ID - generiert aus dem String 'volume' und der übergebenen elementID - auf das passende <input>-Element und dessen value zugegriffen. Dieser Wert zwischen 0 und 100 wird zunächst noch durch 100 geteilt und anschließend als volume-Wert dem <audio>-Element zugewiesen.

4.1.2.3 changeMute()-Methode

Die changeMute()-Methode dient dem Stummschalten einzelner oder mehrerer STEMs und wird durch das onclick-Event der Mute-Buttons aufgerufen, sobald diese Schaltflächen angeklickt werden. Eine Stummschaltung kann vor allem dann hilfreich sein, wenn es darum geht nur einzelne Spuren miteinander zu vergleichen oder das Einwirken eines STEMs auf das Gesamt-Klangbild zu analysieren, indem dieses stumm- und anschließend wieder aktiv geschaltet wird.

```
1  <script language="javascript" type="text/javascript">
2    //(...)
3    //Change-Mute-Methode: Schaltet uebergebene Spur stumm oder hebt
         Stummschaltung auf
4    function changeMute(elementId)
5    {
6      disableSolo();
7      if (document.getElementById(array[0][elementId]).muted === false)
8      {
9        document.getElementById(array[0][elementId]).muted = true;
10       //StyleChange (...)
11       //Orange-Faerbung und Fettdarstellung des "'M'" ueber CSS
12     }
13     else
14     {
15       document.getElementById(array[0][elementId]).muted = false;
16       //StyleChange (...)
17       //Entfernen der Faerbung und Fettdarstellung des "'M'" ueber CSS
```

---

[47]Die ID 4 ist der „Rest"-Spur zugeordnet.

```
18      }
19    }
20    //(..)
21  </script>
```

Listing 4: changeMute()-Methode - (Ausschnitt: index.html)

Zu Beginn ruft die changeMute()-, so wie auch die changeSolo()-Funktion disableSolo() - eine Methode zum Ausschalten jeglicher Soloschaltungen aller Spuren - auf. Da sich change-Mute() und changeSolo() beide des muted-Attributs der <audio>-Elemente bedienen und auch changeMaster() die gleichen <audio>-Elemente über die zugehörigen Array-Einträge aufruft, verhindert disableSolo() das Solo-Schalten mehrerer Spuren zugleich und damit einhergehende Fehlfunktionen bei parallelem Solo-, Mute- und Masterschaltens [48].

Eine if-Anweisung greift - wiederum mit Hilfe der übergebenen elementID - auf das gerade aktive STEM bei array[0][elementID] zu und prüft über dessen boolesches muted-Attribut, ob die Stummschaltung bereits aktiv ist (vgl. Listing 4 Zeile 7). Ist jenes muted-Attribut false gesetzt, also das Audio-File nicht stumm geschaltet, ist die Bedingung der if-Anweisung erfüllt, ihr erster Block wird ausgeführt und damit eben jenes <audio>-Element stumm geschaltet, sowie die Darstellung des entsprechenden Mute-Buttons angepasst (vgl. Listing 4 Zeile 8-12). Wird die if-Anweisung allerdings nicht erfüllt, so ist die Stummschaltung des überprüften <audio>-Elements aktiv und wird innerhalb des else-Blocks auf gleiche Weise deaktiviert; das muted-Attribut also auf den Wert false gesetzt (vgl. Listing 4 Zeile 14-18).

4.1.2.4 changeSolo()-Methode

Mit Hilfe der changeSolo()-Methode kann für je eine Spur der Solo-Modus aktiviert werden. Wird ein STEM solo geschaltet, so ist nur dessen Audio-Information hörbar, was eine differenzierte Höranalyse der Auswirkungen von jeweiligen Mastering-Plugins auf ein STEM alleine ermöglicht. Ähnlich der changeMute()-Methode, wird die changeSolo()-Funktion durch das onclick-Event der zugehörigen Solo-Buttons aufgerufen.

```
1  <script language="javascript" type="text/javascript">
2      //Initialisierung Variablen
3      //(...)
4      var soloActive = false;
5      //(...)
6      //Initialisierung Solo
7      for (i = 0; i <= 4; i++)
8      {
9          array[1][i] = 0;
```

---

[48] Bei der geringen Anzahl an Kanälen ist eine parallele Soloschaltung mit gleichem Aufwand ebenso durch parallele Mute-Schaltung realisierbar.

```
10    }
11    //(...)
12    //Change−Solo−Methode: Schaltet uebergebene Spur auf Solo−Mode oder hebt
          diesen auf
13    function changeSolo(elementId)
14    {
15      disableMute();
16      if (array[1][elementId] === 0)
17      {
18        disableSolo();
19        array[1][elementId] = 1;
20        soloActive = true;
21        //StyleChange
22        //Rot−Faerbung und Fettdarstellung des "'S"' ueber CSS
23        for (index = 0; index <= 4; index++)
24        {
25          if (array[1][index] === 0)
26          {
27            document.getElementById((array[0][index])).muted = true;
28          }
29        }
30      }
31      else
32      {
33        array[1][elementId] = 0;
34        soloActive = false;
35        //StyleChange
36        //Entfernen der Faerbung und Fettdarstellung des "'S"' ueber CSS
37        for (index = 0; index <= 4; index++)
38        {
39          if (array[1][index] === 0)
40          {
41            document.getElementById((array[0][index])).muted = false;
42          }
43        }
44      }
45    }
46    //(...)
47 </script>
```

Listing 5: changeSolo()-Methode - (Ausschnitt: index.html)

Zu Beginn des Javascrip-Skriptes wurde ein Array bei array[1] initialisiert, um den aktuellen Stand eines STEMs bzgl. seiner Solo-Schaltung abzuspeichern. Diesem Array wurde nach der Initialisierung von Index 0 bis 4 der Wert 0, für „Nicht-Solo" zugewiesen (vgl. Listing 5 Zeile 6-10). Wird eine Spur Solo geschalten, so wird dieser Wert beim entsprechenden Index über die Einziffer-ID der Spur auf 1, für „Solo" gesetzt.

Innerhalb der changeSolo()-Funktion hebt zunächst ein Aufruf der disableMute()-Methode alle Stummschaltungen auf, um zu verhindern, dass Solo- und Mute-Funktion in Kombination eine Fehlfunktion hervorrufen. Danach erfolgt eine Überprüfung der zuvor vorgesehenen Zelle bei array[1][elementID] (vgl. Listing 5 Zeile 16). Entspricht diese dem Wert 0 (Solo ist nicht aktiviert), so erfolgt die Ausführung des „if"-Blocks (vgl. Listing 5 Zeile 17-30):

Um eine parallele Solo-Schaltung zweier STEMs zu verhindern, wird zunächst erneut die disableSolo()-Funktion aufgerufen, welche alle Solofunktionen anderer Spuren deaktiviert. Danach wird dem zuvor überprüften Wert im Array bei Index [1][elementID] der Wert 1 für „Solo" zugewiesen. Des Weiteren wird die zu Beginn des Skriptes initialisierte Variable „soloActive" true gesetzt. Diese dient der disableSolo()-Methode als Indikator dafür, ob eine Soloschaltung aktiv ist. Die darauf folgende for-Schleife durchläuft die Indizes 0 bis 4 und prüft durch die Bedingung der beinhalteten if-Anweisung pro Index, ob eine Soloschaltung der zugehörigen Audiospur vorliegt. Ist dies nicht der Fall, handelt es sich bei jener Audiospur nicht um das zuvor solo geschaltene STEM und das <audio>-Element an diesem Index wird über sein muted-Attribut stumm geschaltet.

Innerhalb des else-Blocks erfolgt gegensätzlich die Deaktivierung der Solo-Funktion: Falls die überprüfte Zelle array[1][elementId] nicht den Wert 0 enthält, bedeutet dies, dass sich das entsprechende STEM im Solo-Modus befindet und dieser folgend deaktiviert wird. Der Zelle des Arrays zur Solo-Schaltung wird wieder der Wert 0 zugewiesen und die Variable soloActive wird false gesetzt, sowie auch die darauf folgende for-Schleife den muted-Attribute aller <audio>-Element den Wert false zuweist (vgl. Listing 5 Zeile 32-44).

4.1.2.5 changeMaster()-Methode

Als essentiellste Methode der Anwedung, schaltet die changeMaster()-Funktion zwischen gemasterter und ungemasterter Version des gewünschten STEMs um. Hierfür wird auch diese durch Klick (onclick-Event) auf den passenden Master-Button aufgerufen und dabei je nach Button die zugehörige einziffrige ID übergeben.

```
1  <script language="javascript" type="text/javascript">
2    //(...)
3    //Initialisierung Master
4    for (i = 0; i <= 4; i++)
5    {
6      array[2][i] = 1;
7    }
8    //(...)
9    //Change-Master-Methode: Schaltet fuer uebergebene Spur Mastering aus
         oder an
```

```
10    function changeMaster(elementId)
11    {
12      if (array[2][elementId] === 0)
13      {
14        if (document.getElementById(array[0][elementId]).muted === false)
15        {
16          document.getElementById(array[3][elementId]).muted = false;
17        }
18        document.getElementById(array[4][elementId]).muted = true;
19        array[0][elementId] = array[3][elementId];
20        array[2][elementId] = 1;
21        //StyleChange
22        //Gruenfaerbung des "'MASTER"' Textes, sowie Hinzufuegen des gruenen
              Leuchteffekts ueber CSS
23      }
24      else
25      {
26        if (document.getElementById(array[0][elementId]).muted === false)
27        {
28          document.getElementById(array[4][elementId]).muted = false;
29        }
30        document.getElementById(array[3][elementId]).muted = true;
31        array[0][elementId] = array[4][elementId];
32        array[2][elementId] = 0;
33        //StyleChange
34        //Schwarzfaerbung des "'MASTER"' Textes, sowie Entfernen des gruenen
              Leuchteffekts ueber CSS
35      }
36    }
37    //(...)
38  </script>
```

Listing 6: changeMaster()-Methode - (Ausschnitt: index.html)

Wie bereits die changeSolo()-Funktion, bedient sich die changeMaster()-Methode eines zu Beginn initialisierten Arrays, um den aktuellen Status des Masterings pro STEM zu speichern. Da die Anwendung mit den gemasterten Versionen der STEMs initialisiert wird, wird dementsprechend jeder Zelle dieses Arrays der Wert 1 für „Mastering: An", zugewiesen (vgl. Listing 6 Zeile 4-7). Die changeMaster()-Methode selbst kontrolliert anfänglich den passenden Eintrag in jenem Array mit Hilfe der übergebenen elementID (vgl. Listing 6 Zeile 12). Weist dieser den Wert 0 auf, so ist die ungemasterte Version der Audiospur aktiv und der if-Block der if-Anweisung wird ausgeführt:

Grundlegend deaktiviert die changeMaster()-Funktion in diesem Fall die Stummschaltung des gemasterten <audio>-Elements und aktiviert anschließend die Stumschaltung der ungemasterten Version. Um zu verhindern, dass ein Kanalzug, der durch die Mute-Funktion stumm geschalten ist, so fälschlicherweise aktiv wird, wird durch eine weitere if-Anweisung jedoch zunächst überprüft, ob das muted-Attribut des angewählten <audio>-Elements den Wert false aufweist (vgl. Listing 6 Zeile 14). Nur wenn dem so ist wird auch die Stummschaltung der gemasterten Version innerhalb der if-Anweisung deaktiviert, muted also auf false gesetzt. Anderenfalls bleiben beide <audio>-Elemente stumm. In jedem Fall folgt daraufhin aber die Zuweisung des nun aktiven <audio>-Elements zu seinem entsprechenden Index des Arrays innerhalb von array[0], sowie die Zuweisung des Wertes 1 zum array[2], welche die Aktivierung des gemasterten Audio-Files indiziert.

Im else-Block wird hingegen wiederum das ungemasterte Audio-File aktiviert, während die gemasterte Version stumm geschaltet wird: Sofern das aktive STEM - bei array[0][elementID] - nicht stumm geschalten ist, wird die Stummschaltung der ungemasterten Version bei array[4][elementId] aufgehoben und das gemasterte STEM bei array[3][elementID] stumm gesetzt (vgl. Listing 6 Zeile 26-30). Anschließend wird auch hier die nun aktive, ungemasterte Version dem array bei Index 0 des Haupt-Arrays zugewiesen, sowie der Wert des zugehörigen Indexes innerhalb von array[2] auf 0, für „Mastering: aus", gesetzt (vgl. Listing 6 Zeile 31-32).

4.1.2.6 Methoden zum Abspielen und Pausieren

Die noch verbleibenden Methoden haben den Zweck, die Wiedergabe der Audiospuren zu starten und zu pausieren. Dabei wird durch den in 4.2.2 erwähnten Start-/Pause-Button (vgl. Listing 1 Zeile 54) zunächst die sorp()-Methode aufgerufen.

sorp()-Methode Um zu bestimmen, welche Funktion der Start-/Pause-Button aufrufen soll, verwaltet die sorp()-Methode die „playing"-Variable, welche angibt ob die STEMs aktuell abgespielt werden oder nicht.

```
1  <script language="javascript" type="text/javascript">
2    //Initialisierung Variablen
3    //(...)
4    var readyplay = false;
5    var playing = false;
6    //(...)
7    //Stop or Play-Methode: Bestimmung ob Wiedergabe pausiert oder gestartet
       werden soll
8    function sorp()
9    {
10      if (readyplay === true)
11      {
12        if (playing === false)
13        {
14          start();
```

```
15        playing = true;
16        //StyleChange
17        //Aenderung des Button-Hintergrundes auf das Pause-Icon
18      }
19      else
20      {
21        pause();
22        playing = false;
23        //StyleChange
24        //Aenderung des Button-Hintergrundes auf das Play-Icon
25      }
26    }
27  }
28  //(...)
29  </script>
```

Listing 7: sorp()-Methode - (Ausschnitt: index.html)

Bei Initialisierung werden den booleschen „readyplay"- und „playing"-Variablen der Wert
false zugewiesen (vgl. Listing 7 Zeile 4-5). Sofern die Wiedergabe durch die „readyplay"-
Variable freigegeben ist, also diese den Wert true aufweist, wird der Wert der „playing"-
Variable geprüft. Besitzt sie den Wert false, wird gerade kein Audiomaterial abgespielt und
deshalb die start()-Methode aufgerufen, sowie die „playing"-Variable true gesetzt. Wird der
Mix gerade gespielt, so wird dementsprechend die pause()-Funktion aufgerufen und der „playing"-Variable der Wert false zugewiesen (vgl. Listing 7 Zeile 12-25).

play()-Methode   Wird die play()-Methode durch die sorp()-Funktion aufgerufen, so wird
die Wiedergabe gestartet.

```
1  <script language="javascript" type="text/javascript">
2  //(...)
3  //Start-Methode: Starte Wiedergabe
4  function start()
5  {
6    for (i = 0; i <= 3; i++)
7    {
8      document.getElementById(array[3][i]).play();
9      document.getElementById(array[4][i]).play();
10   }
11   document.getElementById(array[0][4]).play();
12 }
13 //(...)
14 </script>
```

Listing 8: play()-Methode - (Ausschnitt: index.html)

Nutzen und Wirksamkeit von professionellem Audio-Mastering

Mittels einer for-Schleife greift die Funktion mit Hilfe der in array[3] und array[4] gespeicherten IDs über passende <audio>-Elemente sowohl auf gemasterte als auch ungemasterte Versionen der Audio-Files zu. Auf die Audio-Datei der „Rest"-Spur wird außerhalb der Schleife separat zugegriffen. Für jedes <audio>-Element wird während des Aufrufens die durch HTML standardmäßig gebotene play()-Methode aufgerufen (vgl. Listing 8).

pause()-Methode Sofern gerade die Wiedergabe stattfindet, ruft die sorp()-Funktion die pause()-Methode zum Pausieren der Audio-Dateien auf.

```javascript
1  <script language="javascript" type="text/javascript">
2    //(...)
3    //Pause-Methode: Pausiere Wiedergabe
4    function pause()
5    {
6      document.getElementById(array[0][4]).pause();
7      for (i = 3; i >= 0; i--)
8      {
9        document.getElementById(array[4][i]).pause();
10       document.getElementById(array[3][i]).pause();
11     }
12   }
13   //(...)
14  </script>
```

Listing 9: pause()-Methode - (Ausschnitt: index.html)

Wie auch die play()-Methode, greift pause() über eine for-Schleife auf alle <audio>-Elemente zu. Hier werden allerdings alle Audio-Dateien in, zur play()-Funktion, umgekehrter Reihenfolge aufgerufen: Als erstes erfolgt der Zugriff auf das separate Audio-File der „Rest"-Spur und darauf folgend spricht eine for-Schleife in absteigender Reihenfolge ungemasterte und gemasterte Audio-Dateien an (vgl. Listing 9 Zeile 6-11). Auch hier erfolgt die Pausierung wie auch die Wiedergabe der play()-Methode durch Aufruf der durch HTML bestehenden pause()-Funktion jedes <audio>-Elements. Um einer Verzögerung aufgrund des nicht parallelen Zugriffs auf die <audio>-Elemente nach mehrfachem Wiedergeben und Pausieren vorzubeugen, werden alle Files durch die pause()-Methode in genau umgekehrter Reihenfolge angesprochen. Dies gleicht die minimale Zeitverschiebung der for-Schleife[49]innerhalb der play()-Methode wieder aus.

---

[49]Einmalig ist diese Zeitversetzung nicht wahrnembar. Würde sie jedoch bei jeder Wiedergabe und Pausierung auftreten, so würde sich auf Dauer eine deutliche zeitliche Verzögerung aufsummieren.

4.2 Schaltbare Mastering-Kette zur Simulation von Stereo-Mastering

Für eine effektive Simulation des Stereo-Masterings wurde des Weiteren eine Anwendung geschrieben, die es erlaubt die einzelnen, auf den Gesamtmix angewandten, Masteringschritte (vgl. Kapitel 3.2.2) hinzu- oder abzuschalten. Diese Mastering-Plugins wurden hierfür nach Funktionsweise in sinnvolle, zusammengehörige Mastering-Sektionen eingeteilt.

Auf der, dieser Arbeit beigefügten DVD befinden sich alle zur Anwedung zugehörigen Dateien in dem Ordner „Anwendung 2: Mastering-Kette Stereo-Mastering". Die Anwendung wird über das Öffnen der Datei „index.html" mit einem Browser gestartet[50].

4.2.1 Grafische Oberfläche und Nutzung

Die Simulation besteht aus einem horizontalen Fader mit 5 Stufen zur Regelung und zugehöriger Anzeige der aktuell aktiven Mastering-Sektionen. Vom ungemasterten Mix ausgehend existieren mit Zuschalten jeder Sektion diese Stufen:

1. Stufe: Ungemasterter Mix
2. Stufe: 1. Stufe + Kompressor-Sektion
3. Stufe: 2. Stufe + EQ-Sektion
4. Stufe: 3. Stufe + Special-Processing-Sektion
5. Stufe: 4. Stufe + Normalisierung (= Finaler gemasterter Mix)

Abbildung 26: GUI der webbasierten Mastering-Kette[51]

Mit Hilfe des Faders kann zwischen diesen Stufen umgeschalten werden. Je nach gewählter Stufe leuchten auch alle Anzeigen der jeweils aktiven Plugin-Sektionen; inaktive Sektionen weisen derweil entsprechend keinen Leuchteffekt auf. Diese Anzeigen geben als Hover-Effekt zudem - wie auch die Buttons der Mixing-Konsole des STEM-Masterings - Tooltips aus, die schriftlich darstellen, welche Masteringschritte innerhalb der jeweiligen Sektionen ausgeführt wurden. Zusätzlich verfügt die Anwendung wie auch die Mixing-Konsole des STEM-Masterings über einen Play-/Pause-Button, sowie die Ausgabe-Konsole am unteren Ende.

---

[50]Die Funktionalität der Anwendung wurde mit Mozilla Firefox und Google Chrome getestet und funktioniert.
[51]Quelle: Danny Meyer

4.2.2 Funktionen und innere Struktur

In ihrer Struktur ähneln sich beide Anwendungen sehr. Auch diese Mastering-Kette basiert
wie die Mixing-Konsole grundlegend auf einer Tabelle innerhalb der index.html-Datei.

```
1   <script language="javascript" type="text/javascript">
2     //(...)
3     //Initalisierung Array
4     var array = new Array();
5     array[0] = 'master_0';
6     array[1] = 'master_1';
7     array[2] = 'master_2';
8     array[3] = 'master_3';
9     array[4] = 'master_4';
10    //(...)
11  </script>
12  <body>
13    <audio id="master_0" src="./Audio/master_1.mp3" onloadeddata="
        readyToPlay()" loop></audio>
14    <audio id="master_1" src="./Audio/master_2.mp3" onloadeddata="
        readyToPlay()" loop></audio>
15    <audio id="master_2" src="./Audio/master_3.mp3" onloadeddata="
        readyToPlay()" loop></audio>
16    <audio id="master_3" src="./Audio/master_4.mp3" onloadeddata="
        readyToPlay()" loop></audio>
17    <audio id="master_4" src="./Audio/master_5.mp3" onloadeddata="
        readyToPlay()" loop></audio>
18    <table class="tabelle">
19      <tr>            // MASTER-Anzeigen
20        <td>
21          <div class="tooltip">
22            <button class="masterb" id="0BMA">
23              MIXDOWN
24            </button>
25            <span class="tooltiptext">Auszugebender Tooltip-Text</span>
26          </div>
27        </td>
28        //Vier weitere <td>-Elemente fuer vier weitere MASTER-Buttons
29      </tr>
30    </table>
31    <table class="tabelle">
32      <tr class="fader">    // Fader (<input>-Element)
33        <td class="fader">
34          <input class="fader" id="masterFader" type="range" min="0"
                    value="4" max="4" onchange="changeMaster()"/>
35        </td>
36      </tr>
37    </table>
```

```
38   //(...)
39   // Play-/Pause-Button und Text-Konsole in jeweils separater Tabelle,
        analog zu Mixing-Konsole
40   </body>
```

Listing 10: Mastering-Kette - HTML-Struktur - (Ausschnitt: index.html)

Analog zur STEM-Mastering-Anwendung wird auch bei dieser Simulation zu Beginn des Javascript-Skriptes ein Array initialisiert, dessen fünf erste Einträge mit den IDs der fünf verwendeten <audio>-Elemente versehen wird (vgl. Listing 10 Zeile 3-9). Diese <audio>-Elemente beinhalten pro Masteringstufe demnach je ein Audio-File (vgl. Listing 10 Zeile 13-17).

Über den Fader, der wiederum als <input>-Element erstellt wurde, ruft auch hier über den onchange-Event-Handler bei Veränderung seines Werts die changeMaster()-Methode, siehe 11, auf und kann in diesem Fall ganzzahlige Werte von 0 bis 4 annehmen (vgl. Listing 10 Zeile 34). Die vorhandenen <button>-Elemente fungieren in dieser Anwendung lediglich als Anzeige-Label, dessen Leuchteffekt nach gewählter Masteringstufe an- oder abgeschaltet wird.

Wie schon innerhalb der Anwendung zum STEM-Mastering (vgl. 4.1.2.1), dient die readyToPlay()-Methode dem Freigeben der Wiedergabe und setzt die globale Variable ready-Play auf den Wert true, sobald - in diesem Fall - fünf <audio>-Elemente vollständig geladen sind.

Play-/Pause-Button (vgl. 4.1.2.6), sowie Text-Konsole (vgl. 4.1.2.1) funktionieren unterdessen ebenfalls analog zur Mixing-Konsole.

Die wichtigste Funktion der Anwendung zum Stereo-Mastering stellt ebenfalls die changeMaster()-Methode. Durch ausgelöstes onchange-Event, wird sie bei Bewegen des Faders aufgerufen, um zwischen den fünf Stadien der Mastering-Kette umzuschalten.

```
1   <script language="javascript" type="text/javascript">
2   //(...)
3   //Change-Master-Methode: Veraendert den Masteringstatus
4   function changeMaster()
5   {
6     var sliderValue = document.getElementById('masterFader').value;
7     for (i = 0; i <= 4; i++)
8     {
9       document.getElementById('master_' + i).muted = true;
10    }
11    document.getElementById('master_' + String(sliderValue)).muted =
           false;
12    //StyleChange
```

```
13    //Aktivierung des Leuchteffekts bei aktiven Sektion−Buttons,
         Deaktivierung bei inaktiven Sektion−Buttons
14    //(...)
15    }
16    </script>
```

Listing 11: changeMaster()-Methode - (Ausschnitt: index.html)

Bei Aufruf speichert die Methode zunächst den aktuellen Wert des value-Attributs des Faders in der lokalen Variable „sliderValue" über den Zugriff auf das <input>-Element (vgl. Listing 11 Zeile 6). Anschließend werden innerhalb einer for-Schleife alle fünf <audio>-Elemente mittels ihrer ID („master_i") angesprochen und über ihr muted-Attribut stumm geschalten (vgl. Listing 11 Zeile 7-10). Infolgedessen erfolgt mit Hilfe des als sliderValue zwischengespeicherten Fader-Wertes der Zugriff auf das aktuell ausgewählte <audio>-Element, also den gewählten Masteringstatus[52].

4.3 Aufgetretene Problemstellungen während der Implementierung

Die Entwicklung beider Web-Anwendungen beinhaltete neben gewöhnlichen kleineren Komplikationen bei der Implementierung der Methoden und deren erster Testversionen zwei Problemstellungen.

Paralleles Soloschalten der Mixing-Konsole Wie auch die Funktion zum stumm schalten der verschiedenen STEMs, sollte zunächst auch das parallele Soloschalten der Spuren möglich sein. Dies wurde zu Beginn fehlerhaft implementiert. Da die <audio>-Elemente kein Attribut zur Soloschaltung bieten, nutzt die changeSolo()-Methode ebenfalls das muted-Attribut der tags, indem sie alle STEMs bis auf das übergebene stumm schaltet. Nutze man nur die Solofunktionen der Spuren traten mit Hilfe des gespeicherten Solo-Status in einem separaten Array keine Fehler auf. In Kombination mit der changeMute()-Funktion, welche ebenfalls das gegebene muted-Attribut nutzt, traten Fehler bzgl. der parallelen Stumm- und Soloschaltung der STEMs auf. Nach mehreren misslungenen Lösungsansätzen wurde deshalb die disableSolo()-Methode eingefügt, welche paralleles Soloschalten, sowie zeitgleiches Solo- und Stummschalten verhindert. Da die Mixing Konsole mit nur fünf Spuren arbeitet, ist es über die Mute-Funktion dennoch schnell möglich parallel zwei oder mehrere Spuren anzuhören.

Verbindung beider Anwendungen Urspünglich sollte nur eine Anwendung sowohl den Prozess des STEM- als auch des Stereo-Masterings zeitgleich verdeutlichen. Da das Mastering allerdings nur auf Basis zuvor aufgenommener Audio-Dateien simuliert werden kann, war

---

[52]Der Wert des value-Attributs entspricht in Kombination mit dem String 'master_' der ID der zu diesem Moment aktiven Masteringstufe.

schnell klar, dass die vielen aufkommenden Konstellationen der fünf STEMs in Kombination mit den Stereo-Mastering Sektionen unmöglich alle als Audio-Dateien eingebunden werden können.

5 Fazit

Die Kernaussage dieser Arbeit besteht darin, aufzuzeigen welchen Nutzen professionelles Audio-Mastering mit sich bringt und wie ertragreich sich dieser auf das bearbeitete Material auswirkt. Um dieser Hauptfrage auf den Grund zu gehen, wurde der technische Aspekt, nämlich die Funktionsweise und Auswirkung von professionellen Masteringtools sowohl theoretisch, als auch in praktischer Anwendung innerhalb einer reellen Produktion als Beispiel, veranschaulicht und erläutert. Jene praktische Anwendung wurde des Weiteren in Form einer interaktiven Masteringsimulation implementiert, um die letztlich wichtigste Beurteilung von Audio-Material, den direkten Hörvergleich, zu ermöglichen. Nachstehend erfolgt ein Resümee der erarbeiteten Ergebnisse.

Für das Audio-Mastering genutzte Geräte und Plugins bieten umfangreiche Möglichkeiten zur Bearbeitung und damit auch zur nachträglichen Aufwertung eines Mixes. So kommt kaum eine bzw. keine moderne, erfolgreiche Musikproduktion ohne gezielte Kompression zur Erzeugung eines druckvolleren Klangs oder einen Equalizer für ein angenehmeres Klangbild aus (vgl. [Kai09], S. 685). Mit unter liegt dies auch daran, dass digitale Plugins über die letzten Jahre immer hochwertiger, effektiver und zeitgleich preiswerter wurden. „Was mit den heute verfügbaren Werkzeugen in wenigen Minuten möglich ist, hat vor einigen Jahren zuweilen noch Stunden in Anspruch genommen." ([Segd]) Solch ein technischer Fortschritt bringt nach und nach allerdings auch einen höheren Klang-Standard moderner Musik und damit verbunden höhere Erwartungen an Musikproduktionen mit sich. So ist es meist selbst für Amateur- oder semiprofessionelle Aufnahmen unvermeidbar in ein professionelles Mastering zu investieren.

Noch wichtiger als die reine Funktionalität von Masteringtools ist nämlich deren korrekte Verwendung und das Wissen darüber wann überhaupt welches Tool die gegebene Problemstellung lösen kann. Falsch eingesetzte oder falsch konfigurierte Mastering-Plugins können einem Mix unabhängig von ihrer Qualität mitunter sogar in seinem Klangbild schädigen. Ein Kompressor mit einer zu hohen Attack-Dauer könnte bspw. die gesamte Dynamik eines Musikstücks zerstören, obwohl diese Konfiguration bei einem anderem Mix eventuell gewinnbringend wäre. So stellen auch die in Kapitel 3 angewendeten Techniken keinesfalls einen musterhaften Mastering-Prozess dar, welcher so für jede Produktion von Vorteil wäre, sondern fungieren als Beispiel für die korrekte Auswahl und Konfiguration von geeigneten Plugins für vorliegende Defizite im Mix und dessen Aufwertung. Diese Problemstellungen sind ebenso Mix-abhängig und des Weiteren genrespezifisch, was bedeutet, dass das was für einen Song einen Nachteil darstellt, bei einem weiteren eventuell als wünschenswert gilt. Jazz lebt bspw. von einem hohen Dynamikumfang (vgl. [Kat12], S. 209), um dem meist Musikinteressierten Konsumenten ein möglichst „live" klingendes Hörerlebnis zu bieten, während eine Hard Rock-Produktion von intensiver Kompression und dem damit einhergehenden, druckvolleren Sound profitiert.

Dies wirft einen weiteren, nicht zu vernachlässigenden Aspekt, nämlich den subjektiven Geschmack bzgl. eigener Soundvorstellungen auf: Ein warm klingender verzerrter Gitarrensound innerhalb eines Heavy Metal-Songs erzeugt vielleicht für einen Hörer eine rockige Grundstimmung, die dieser als positiv empfindet. Eventuell würde ein weiterer Hörer sich hingegen für den gleichen Song einen weniger mittenbetonten, kühleren Sound wünschen. Nicht nur der Endkonsument, sondern natürlich auch Mastering-Techniker selbst besitzen dabei, wenn auch im geringeren Maße, unterschiedliche Soundvorstellungen. Aber mit zusätzlicher Beachtung des persönlichen Kundenwunsches können so für den gleichen Mix unterschiedliche Mastering-Versionen entstehen, die dennoch beide durchaus eine hohe Qualität aufweisen.

Mit Hinblick auf den letztendlichen Konsumenten der Musik stellt sich zudem die Frage über die Notwendigkeit von hochwertigem Mastering. Selbstverständlich stellt die Bearbeitung innerhalb des Audio-Masterings eine Aufwertung und den letzten fehlenden Feinschliff zu einem hochwertigen End-Mix dar, jedoch handelt es sich dabei um sehr differenzierte, finale, klangliche Anpassungen, welche auch nur über eine hochwertige Stereoanlage zur Geltung kommen. „(...)' Trotz zunehmender Miniaturisierung und damit geringerem Platzbedarf bei gleicher Qualität ist wirklich hochwertiges Hi-Fi nicht beliebig verkleinerbar.' Platzsparender und günstiger sind die bei Verbrauchern sehr beliebten Kompaktanlagen." ([Sue]) Neben diesen Low-Budget Heimanlagen besteht das Hörverhalten von immer mehr Menschen außerdem in der Nutzung von Musik über das Smartphone und damit verbunden oft über minderwertige In-Ear-Kopfhörer oder gar nur einen monophonen integrierten Lautsprecher. Mit jenen Wiedergabemedien ist es dem Hörer rein technisch erst gar nicht möglich den klanglichen Vorteil des Masterings wahrzunehmen.

Demnach ist die hohe klangliche Qualität moderner Musik als solche nicht immer ein Muss, um einen für das Zielpublikum geeigneten Sound zu erzeugen. Die gesteigerten technischen Möglichkeiten in Kombination mit dem intensiven Konkurrenzdruck des Musikmarktes, erzeugen jedoch einen gewissen Zwang zur hochwertigen Aufnahme.

> „Waren es noch im Jahr 2001 „nur" 141.766 Alben aus Pop und Klassik, aus denen ein Musikkonsument auswählen konnte, so sind es 2008 bereits sage und schreibe 226.561 Alben gewesen. Das macht im Durchschnitt nicht ganz 10.600 Neuerscheinungen pro Jahr und damit über 10.000 potenzielle Mitbewerber jährlich ([Sega])."

Um sich gegen solch eine große Konkurrenz durchzusetzen und damit im Musikgeschäft überhaupt Fuß fassen zu können, ist eine der Konkurrenz soundlich mindestens ebenbürtige Produktion und damit einhergehend ein professioneller Mastering-Prozess aus Aspekten des Marketings folglich unerlässlich.

Über die letzten 30 Jahre erzeugte dieser Konkurrenzdruck außerdem einen weiteren negativen Aspekt: das „Lautheitsrennen". Neben all den positiven Veredelungen die Audio-

Mastering mit sich bringt, entstand durch die immer leichtere Möglichkeit zur Kompression ein regelrechtes Wettrennen um die höchstmögliche Lautheit produzierter Musik. „Als sich die CD auf dem Markt durchgesetzt hatte, begannen Bands und Produzenten (...) von den Tonmeistern lautere Master zu verlangen, um die Alben der Konkurrenz zu übertreffen. Denn die neuen technischen Mittel ermöglichten nun, den Ton immer stärker zu komprimieren, ohne ihn in die Übersteuerung zu treiben. Andere Bands und Produzenten zogen mit und lösten damit eine Jagd nach Lautstärke aus (engl. „Loudness Race" oder „Loudness War")." ([Hah]; Herv. D.M.) „Der Ursprung dieses Wettstreits ist psychoakustischer Natur: wenn zwei identische Musikstücke mit leicht unterschiedlichen Lautstärken präsentiert werden, scheint das lautere der beiden „besser" zu klingen; diese „Verbesserung" ist jedoch nur ein kurzzeitiges Phänomen ([Kat12], S. 204). Leider führt eine solch übertriebene Kompression zu extremen Verlusten innerhalb des Dynamikumfangs. Jene lauten, stark komprimierten Musikstücke wirken im ersten Moment sehr direkt und somit äußerst eindrucksvoll, allerdings auf Dauer auch sehr anstrengend und ermüdend für das Gehör, was dem aktivem Genuss der Musik, sowie ihrer Klangqualität deutlich schadet (vgl. [Kat12], S. 204). Deutlich wird dies in Abbildung 27.

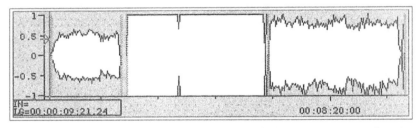

Abbildung 27: Gegenüberstellung von Wellenformdarstellungen: links Fahrstuhlmusik, mittig eine Hitparadenauswahl von 1999, rechts eine Rock-Aufnahme von 1990
[53]

Hier wird links stark komprimierte Fahrstuhlmusik, mittig ein beliebter Hit aus dem Jahr 1999 und rechts eine populäre Rock-Produktion von 1990 dargestellt. Betrachtet man die Wellenform des Hits in der Mitte so sticht sofort hervor, dass dieser vergleichsweise kaum Dynamikumfang bietet. Während die Rock-Produktion von 1990 rechts noch einige Pegelspitzen und Dynamikverläufe erkennen lässt, erscheint die spätere Pop-Produktion in der Mitte nahezu als Balken. Erstaunlich ist dies vor Allem deshalb, da die Maximalpegel beider Produktionen den Vollausschlag erreichen, obwohl sie sich in ihrem Durchschnittspegel um ganze 6 dB unterscheiden. Selbst die stark komprimierte Fahrstuhlmusik links, welche lediglich der nebensächlichen musikalischen Untermalung dienen soll, weißt eine höhere Dynamik auf. Dies empfinden viele Mastering-Tontechniker als absolut negative Herangehensweise,

---

[53]Quelle: [Kat12], S. 203

so sind sie aufgrund des Konkurrenzdenkens innerhalb der Musikbranche und dem daraus resultierenden Kundenwunsch aber (zumindest teilweise) zu solcher „Überkompression" gezwungen (vgl. [Kat12], S. 204).

Diese Problemstellung, die übertriebene Kompression mit sich bringt, spiegelt den Nachteil von unverhältnismäßig starker Nachbearbeitung durch das Mastering wider. Denn meist ist es das Ziel des Masterings einen Mix auf das Qualitätsniveau anderer beliebter Musikproduktionen anzuheben, wobei der entsprechende Kundenwunsch dabei oftmals darin besteht den Sound eines anderen Künstlers zu kopieren. Bei all den Möglichkeiten die Tools wie Multiband-Kompressoren und Equalizer bieten, um den Sound des zu bearbeitenden Mixes in eine bestimmte klangliche Richtung zu lenken, kann die übermäßige Veränderung dem Mix durchaus seinen eigenen soundlichen Charakter rauben. So verleiht eventuell gerade der beißende Höhenklang der Gitarren eines Punkrockstückes oder eine leichte Übersteuerung innerhalb der Vocals eines Rocksongs jenen Mixes eine eigene Note und damit ein Alleinstellungsmerkmal innerhalb des Musikmarktes. Diese Merkmale als Defizite innerhalb des Masterings zu beseitigen würde einem Song womöglich zu ein ausgewogenerem Klangbild verhelfen und seinen Sound dem vom anderen Produktionen näher bringen. Allerdings sollte das Ziel eines Musikers nie darin bestehen besondere musikalische Eigenheiten auszulöschen, nur um dadurch andere Künstler zu imitieren.

Auf der anderen Seite stellt ausgiebiges STEM- und Stereo-Mastering wiederum eine Chance für Musiker dar, die sich keine hochwertigen Aufnahmen und Mixing-Sessions in einem etablierten Tonstudio leisten können. Beinhaltet ein Mix Instrumentenspuren, die mit minderwertigem Equipment aufgenommen und/oder innerhalb des Mixings nicht klanglich aufeinander abgestimmt wurden, können viele Mängel im STEM-Mastering-Prozess minimiert und ausgeglichen werden. Mit Hilfe hochwertiger analoger Geräte können des Weiteren durchaus selbst nicht besonders präsente Frequenzanteile verstärkt oder durch gekonnte Stereoverbreiterung mit M/S-Techniken ein eng klingendes Soundpanorama kompensiert werden. Dabei sind die Grenzen zwischen Mixing und Mastering allerdings oftmals fließend und einzelne Tätigkeiten damit nicht immer eindeutig einem Arbeitsgang zuzuordnen. Selbstverständlich sind die Möglichkeiten des Masterings jedoch mitunter begrenzt und können alleinstehend in keinem Fall die Aufnahme durch hochwertige Geräte, sowie einen professionellen Mix ersetzen. Leider wird das Mastering nämlich häufig für nötige Verbesserungen missbraucht, die zunächst nur einen unzulänglichen Mix ausgleichen, wodurch mit Hinblick auf das eingesetzte Budget für die eigentliche Mastering-Bearbeitung nicht genügend Zeit bleibt.

„Der Schlüssel zu einem großartigen Master liegt in einem großartigen Mix ([Kat12], S. 159)."

Professionelles Audio-Mastering stellt in erster Linie den finalen Feinschliff eines Musikstückes dar. Es schafft ein ausgewogeneres Klangbild, beseitigt Störanteile und soll die musikalischen Eigenheiten eines Songs hervorheben und soundlich unterstützen. Diese Ziele können nur durch hochwertige Tools erreicht werden, sofern der Anwender mit deren Funktionen und Auswirkungen genauestens vertraut ist und ein geschultes Gehör, sowie musikalische Flexibilität besitzt. Dabei sollte die Priorität immer auf dem subjektiven Geschmack des Kunden und der Stimmung der Musik liegen. Mastering kann einen äußerst misslungenen Mix nicht vollständig ausgleichen, verleiht gemischten Audioaufnahmen jedoch qualitative Aufwertungen, die jene Mixes auf das Niveau besonders hochwertiger Produktionen heben können.

6 Quellenverzeichnis

[Aku] AKUSTIKA.CH: *Wie hört der Mensch. Hörschwelle und Frequenz. www.akustika.ch.*
http://www.akustika.ch/richtig-hoeren/rund-ums-richtige-hoeren/
gehoer/wie-hoert-der-mensch/. – Zugriff: 01.08.2016

[Baaa] BAARSS, Felix: *FAQ: M/S-Stereofonie bearbeiten. www.delamar.de.* http://www.
delamar.de/faq/ms-stereofonie-bearbeiten-32735/. – Zugriff: 19.07.2016

[Baab] BAARSS, Felix: *Phasenverschiebung - Damit Du weißt, was Phase ist.
www.delamar.de.* http://www.delamar.de/faq/phasenverschiebung-17344/. –
Zugriff: 19.07.2016

[Braa] BRAINWORX MUSIC & MEDIA GMBH: *Brainworx bx_refinement. Unique Tool Re-
duces Harshness in Your Mixes. www.plugin-alliance.com.* https://www.plugin-
alliance.com/en/products/bx_refinement.html. – Zugriff: 25.07.2016

[Brab] BRAINWORX MUSIC & MEDIA GMBH: *Was ist M/S? www.mu-sig.de.* http://
www.brainworx-music.de/de/whatisms. – Zugriff: 15.07.2016

[Bro] BROWNE, David: *Equalizer. mixingundmastering.de.* https://
mixingundmastering.de/effekte/equalizer/. – Zugriff: 19.05.2016

[Bru] BRUSS, Michael: *Artikel: Grundlagen der Psychoakustik, Teil 1. Seite 3. fai-
raudio.de.* http://www.fairaudio.de/artikel/2014-artikel/psycho-akustik-
artikel-3.html. – Zugriff: 16.06.2016

[Bun] BUNDESVERBAND MUSIKINDUSTRIE: *Studie zur mobilen Musiknutzung. Bundesverband Musikindustrie.* http://www.musikindustrie.de/aktuell_einzel/news/
studie-zur-mobilen-musiknutzung-das-smartphone-dicht-auf-den-fersen-
des-mp3-players/. – Zugriff: 19.05.2016

[Cur] CURDT, Prof. O.: *Sounddesign. Die Menschliche Stimme.* https://www.hdm-
stuttgart.de/~curdt/_Menschliche_Stimme.pdf. – Zugriff: 01.08.2016

[fai] FAIRAUDIO.DE: *Frequenzbereiche HiFi-Lexikon. fairaudio.de.* http:
//www.fairaudio.de/hifi-lexikon-begriffe/frequenzbereiche-bass-
mitten-hochton-grundton.html. – Zugriff: 18.05.2016

[Fri08] FRIEDRICH, Hans J.: *Tontechnik für Mediengestalter. Töne hören - Technik verstehen
- Medien gestalten.* Springer, 2008

[Fri09] FRIESECKE, Andreas: *Die Audio-Enzyklopädie. Ein Nachschlagewerk für Tontechni-
ker.* DE GRUYTER SAUR, 2009

[Hah] HAHNE, Axel: *Lautheitswahn: Die Jagd nach dem Krach. www.netzwelt.de.* https:

//www.netzwelt.de/news/78754_2-lautheitswahn-jagd-krach.html. – Zugriff: 18.08.2016

[Hoc] HOCHSCHULE AUGSBURG: *Beats-Per-Minute. Definition. hs-augsburg.de.* https://glossar.hs-augsburg.de/Beats-Per-Minute. – Zugriff: 24.06.2016

[IT-a] IT-WISSEN.INFO: *IT-Wissen.info. DAW (digital audio workstation).*, http://www.itwissen.info/definition/lexikon/digital-audio-workstation-DAW.html. – Zugriff: 22.08.2016

[IT-b] IT-WISSEN.INFO: *IT-Wissen.info. Haas-Effekt.*, http://www.itwissen.info/definition/lexikon/Haas-Effekt-Haas-effect.html. – Zugriff: 08.08.2016

[IT-c] IT-WISSEN.INFO: *Rauschen. IT-Wissen.info - EK-Grundlagen.* http://www.itwissen.info/definition/lexikon/Rauschen-N-noise.html. – Zugriff: 13.06.2016

[Jä] JÄGER, Olli: *7 EQ-Tipps für Gitarren-Signale. E- und Akustik-Gitarrenspuren mit dem Equalizer bearbeiten. www.bonedo.de.* http://www.bonedo.de/artikel/einzelansicht/7-eq-tipps-fuer-gitarren-signale.html. – Zugriff: 27.07.2016

[Kai09] KAISER, Carsten: *Homerecording.* bhv, 2009

[Kat12] KATZ, Bob: *Mastering Audio. Über die Kunst und die Technik.* GC Carstensen, 2012

[Maa] MAAG AUDIO: *Maag Audio EQ4 - Manual.* https://plugin-alliance.scdn2.secure.raxcdn.com/tl_files/products/maag_eq4/maag_eq4_manual_en.pdf. – Zugriff: 25.07.2016

[Mae14] MAEMPEL, Hans-Joachim: *Das Handbuch der Tonstudiotechnik, 6. Klanggestaltung.* DE GRUYTER SAUR, 2014

[Pri] PRIOR, Mira: *Stehende Welle. lp.uni-goettingen.de.* https://lp.uni-goettingen.de/get/text/5129. – Zugriff: 19.05.2016

[Rod] RODENBERG, Michael: *STEM-MASTERING. www.gatestudio.de.* http://www.gatestudio.de/GateStudio/Stem-Mastering.html. – Zugriff: 19.07.2016

[S.E] S.E.A. VERTRIEB & CONSULTING: Universal Audio veröffentlicht Precision K-Stereo Ambience Recovery Plug-In für die UAD Powered Plug-Ins Plattform. http://www.sea-vertrieb.de/contero/sea-vertrieb_938_.html. – Zugriff: 08.08.2016

[Sega] SEGUNDO, Carlos S.: *Erfolgreich im Musikbusiness 1: Gute Musik ist nicht gut genug. www.delamar.de.* http://www.delamar.de/musikbusiness/erfolgreich-im-musikbusiness-1-gute-musik-ist-nicht-gut-genug-4056/. – Zugriff: 18.08.2016

[Segb] SEGUNDO, Carlos S.: *Mixing: Parallel Compression. www.delamar.de.* `http://www.delamar.de/tutorials/parallel-compression-146/`. – Zugriff: 21.07.2016

[Segc] SEGUNDO, Carlos S.: *Multiband-Kompression erklärt - Der Multiband-Kompressor. delamar.de.* `http://www.delamar.de/tutorials/multiband-kompression-erklaert-der-multiband-kompressor-6421/`. – Zugriff: 10.06.2016

[Segd] SEGUNDO, Carlos S.: *Der Plugin-Wahn: Warum mehr Plugins deine Musik schlechter machen. www.delamar.de.* `http://www.delamar.de/musikproduktion/der-plugin-wahn-8692/`. – Zugriff: 17.08.2016

[Sig] SIGAL, Everad: *Ohr und Hören. Hörfläche. www.mu-sig.de.* `http://www.mu-sig.de/Theorie/Akustik/Akustik06.htm`. – Zugriff: 13.07.2016

[Son] SONICSYSTEM.DE: *MS Mastering - Einzigartiges SoundDesign bei der Summenbearbeitung mit dem MS-Stereo Matrix Verfahren beim Mastern. www.sonicsystem.de.* `http://www.sonicsystem.de/ms-mastering-einzigartiges-sounddesign-bei-der-summenbearbeitung-kompression-eqingleveling-mit-dem-ms-stereo-matrix-verfahren-beim-mastern.html`. – Zugriff: 19.07.2016

[Sue] SUEDDEUTSCHE ZEITUNG DPA/TMN: Die passende Anlage fürs Musikhören daheim. `http://www.sueddeutsche.de/news/wissen/technik-die-passende-anlage-fuers-musikhoeren-daheim-dpa.urn-newsml-dpa-com-20090101-141030-99-03511`. – Zugriff: 17.08.2016

[Thoa] THOMANN: *Online-Ratgeber: Röhrentopteile. 3. Röhren oder Transistoren. www.thomann.de.* `http://www.thomann.de/de/onlineexpert_page_roehrentopteile_roehren_oder_transistoren.html`. – Zugriff: 25.07.2016

[Thob] THOMANN: *Online-Ratgeber: Röhrentopteile. 4. Die Röhren-Basix-Infos. www.thomann.de.* `http://www.thomann.de/de/onlineexpert_page_roehrentopteile_die_roehren_basix_infos.html`. – Zugriff: 25.07.2016

[Tro] TROMMER, Jochen: *Konsonanten: Artikulationsort. Universität Leipzig. Institut für Linguistik.* `http://home.uni-leipzig.de/jtrommer/phonetik07/k6b.pdf`. – Zugriff: 01.08.2016

[Unia] UNIVERSAL AUDIO: *UAD Plug-Ins Manual,* `http://www.uaudio.com/media/support/downloads/UAD_Plug-Ins_Manual_v87.pdf`. – Zugriff: 08.08.2016

[Unib] UNIVERSAL AUDIO: *UAD Powered Plug-Ins Manual. 1176 Controls.* `http://media.uaudio.com/support/downloads/UAD_Plug-Ins_Manual_v81.pdf`. – Zugriff: 01.08.2016

[Unic] UNIVERSAL AUDIO: *UAD Powered Plug-Ins Manual. Neve 88RS Channel Strip Col-*

lection. http://media.uaudio.com/support/downloads/UAD_Plug-Ins_Manual_
v81.pdf. – Zugriff: 01.08.2016